谨以此书献给我的爱人、
孩子及年迈的父母！

学习好其实并不难

——精熟高效学习法

启辉老师 16 年学习辅导心得
帮助上千个孩子有效提高成绩的精熟高效学习法

刘启辉 | 著

青岛出版社
QINGDAO PUBLISHING HOUSE

图书在版编目（ＣＩＰ）数据

学习好其实并不难：精熟高效学习法 / 刘启辉著 . —— 青岛：青岛出版社，2019.8
ISBN 978-7-5552-8221-1

Ⅰ . ①学… Ⅱ . ①刘… Ⅲ . ①学习方法 Ⅳ . ① G442

中国版本图书馆 CIP 数据核字 (2019) 第 073354 号

书　　　名	学习好其实并不难——精熟高效学习法
著　　　者	刘启辉
出版发行	青岛出版社
社　　　址	青岛市海尔路 182 号（266061）
本社网址	http://www.qdpub.com
邮购电话	13335059110 （0532）68068026
责任编辑	尹红侠
责任校对	赵慧慧　王　韵
内文绘图	于苇杭
装帧设计	祝玉华
照　　　排	光合时代·赵庆扬
印　　　刷	青岛双星华信印刷有限公司
出版日期	2019 年 8 月第 1 版　2019 年 9 月第 1 版第 2 次印刷
开　　　本	32 开（850mm ×1168mm）
印　　　张	9.75
字　　　数	200 千字
印　　　数	8001-16000
书　　　号	ISBN 978-7-5552-8221-1
定　　　价	49.80 元

编校质量、盗版监督服务电话 4006532017　0532-68068638

作为一位母亲，我在无意中邂逅了《学习好其实并不难》这本书，我一口气将它读完。书中的很多观点与我日常所想非常契合，"授人以鱼不如授人以渔"，与其奔波在各种课外辅导班的路上，不如让孩子爱学习、会学习。掌握刘启辉教授倡导的精熟高效学习法，可以让孩子从繁重的学习中解放出来。

——北京大学金融创新与发展研究中心副主任　邢周凌

这本书是作者从事学习心理辅导 16 年的经验总结。刘启辉教授运用深厚的心理学知识和丰富的学习心理辅导经验，借助大量的案例，为我们阐述了帮助孩子提高成绩的科学方法。我真心希望广大一线中小学教师能读到这部著作，从而在认识孩子、认识教学、认识教育等方面进行深刻的反思，得到有效的提升。

——江西省新干县教研室主任　周学军

孩子的学业是家庭教育的焦点，将理论运用到实践是家庭教育的难点。刘启辉教授所著的《学习好其实并不难》是在大量个案辅导中孕育出来的作品，真实动人，适合仔细研读。

——青岛二中心理高级教师、全国心理健康教育先进个人　曾莉

我是一名名校的骨干教师，如果有家长问我，为什么孩子的学习成绩总上不去，我会向他推荐刘启辉教授写的这本书。这本书就像一个神秘的百宝箱，里面藏着许多能解开家长心中疑惑的钥匙。书中有大量鲜活的案例、实用的学习方法、学习心理的分析，是一本值得家长们反复品读的教子枕边书。

——广州市天河区华阳小学语文教师　刘懿

我的一位学生在刘启辉教授的指导下，中考成绩的提升程度远远超过预期，达到了本市最好的高中录取线，我因此和刘启辉教授结识。在本书出版前，我和我的学生们有幸聆听了刘启辉教授的课。"思维导图""用凹槽卡记单词"……课堂上，学生们听得如痴如醉，仿佛一下子找到了成为学霸的"武林秘籍"。而身为老师、身为妈妈的我更是受益匪浅。翻开《学习好其实并不难》，您会发现自己正在打开一座宝库。

——青岛七中语文老师、青岛市教学能手　李春岩

学习好其实并不难，首先你得认识刘启辉教授哦！有幸拜读刘启辉教授的第二部书稿，从头到尾几乎一口气读完，心里一直不断升腾的想法是：新书一出来，一定赶快推荐给我的家人朋友们，不管家中的孩子有多大（当然越小越好），这本书都能给家长带来帮助，为家长解惑。该书还特别适合家长和孩子一起看，互相帮助一起成长。在孩子成长的过程中，家长怎么做才能促进孩子的学习？心理专家刘启辉教授就像坐在你的对面一样，一一给你解答。在养育孩子的过程中，家庭教育是第一位的，如果家庭教育过关了，孩子的学习习惯养成了，学习情感很积极，再加上刘启辉教授在书中介绍的学习方法，孩子的学习成绩肯定会非常好。我家孩子暑假过后就上高三了，高三是高考前特别关键的一年，新书出版得很及时，书中讲述了很多可以让孩子借鉴的学习方法，能让孩子更好地提升一下。祝贺刘启辉教授的又一力作出版，造福社会和家庭，也感谢刘启辉教授陪伴孩子快乐成长！

——一位学霸孩子的母亲　郭均娥

青少年学习心理辅导的佳作

启辉兄是我读研时期的学长。在我们相伴求学的日子里，他的专业课成绩非常优秀，他的书法和英文水平亦颇受称道，在同学们中有"才子"之誉。毕业后，他远赴山东，先后在多所高校从事心理学的教学科研工作，尤其在青少年学习咨询和辅导方面颇有建树。我毕业后在天津学习和工作，算起来与启辉兄相识已逾二十年。近日，启辉兄给我寄来新作《学习好其实并不难》的清样，并邀请我为之写序。我为启辉兄的新作即将出版而欣喜，又感到有些惶恐，担心自己的水平有限。然而，启辉兄的坚持让我最终打消了顾虑，我把写序视为一次学习的机会。

这本书是启辉兄16年学习辅导心得的结晶，内容十分全面，不仅讲述了精熟高效学习法的具体内容和策略，还对亲子关系、教养方式、学习动机与情感等影响学习的非智力因素进行了理论与实践相结合的解析。此外，对于很多家长和青少年朋友关心的问题，如人际适应、校园欺凌、游戏成瘾等，作者提出了独特的见解。拿到此书之后，我一口气读完了主要章节，获益良多。我觉得此书是理论坚实、实务透彻的佳作。具体来说，本书具有以下几个特点：

1. 以科学的心理学理论为指导

心理学之所以能成为一门科学，是因为现代心理学以实验法、调查法和测量法等实证方法为主要研究手段，追求研究结果和理论的科学性、可重复性、可证伪性。随着人民群众对身心健康和生活幸福的要求不断提高，心理学越来越受到社会公众的重视。但是，并不是每一个从事心理学相关工作的人都能清楚地了解心理科学和伪科学之间的区别。举例来说，当前大量与心理学相关的作品充斥于线上和线下的书店之中，不免鱼龙混杂，良莠不齐。一些鸡汤文多少还有些底料，有些则是通过勾兑而成；有的炒作热点，牵强附会；还有的如盲人摸象，偏执一端。这些作品并不能起到繁荣心理学事业、造福社会和公众的作用。启辉兄受过系统、专业的科研训练，在工作后又努力学习心理咨询与辅导的理论与技能，并在实践工作中砥砺精进。由于具备了良好的学术素养，其作品的视角和对策建议均能契合心理科学的原理，与那些形形色色的江湖心理学作品相比，高下立判。

举例来说，虽然本书的核心内容是精熟高效学习法，但作者从更宏观的家庭生态系统着眼，讨论亲子关系和教养方式，这恰恰是作者专业视角的体现。因为亲子关系是儿童心理发展过程中最重要的人际关系，父母的教养方式和亲子关系深刻地影响着儿童的心理发展，进而影响其同伴关系、人际适应和学习行为。用书中的话来说，就是"关系胜于教育""关系正确了，一切水到渠成"。心理科学的研究表明，认知与情绪存在着密切的关系，良好的情绪能够促进认知加工的效能；学习不仅受认知因素的影响，还受到情绪、情感等非认知因素的影响。我想这正是作者对学习情感进行讨论的原因。类似的例子还有很多，相信读者会和我一样，感受到作者的匠心。

2. 案例丰富，分析透彻，具有可操作性

心理科学经过百余年的发展，产生了很多理论成果。通过学习发展心理学、教育心理学或社会心理学，读者能了解到不少较为成熟的心理学概念和理论。然而，对于家长朋友而言，读相关的心理学教材未必是最好的途径。因为教材体现了科学性和专业性，内容以概念和理论居多，不够浅显，甚至略显枯燥和乏味。

启辉兄在高校从事心理学教学工作多年，深谙案例教学之道，他的课颇受不同层次受众的欢迎，对青少年学习心理的研究尤为深入，积累了丰富的实操经验。在本书中，他精心选编了几十个案例，很多章节以案例导入，再结合心理学的专业知识进行分析，揭示其原理，最后提出科学的对策和建议，真正做到了理论与实践的有机融合，使读者不仅知其然，而且能知其所以然，从而达成"授人以渔"的目标。不仅如此，书中提出的"一个目标、两驾马车、三方关系、四种品质、五个环节"，是对精熟高效学习法的高度概括。基于上述原因，我相信本书不仅能给家长和孩子带来很大的帮助，也能给教育工作者和从事教育心理学研究的学者带来启发。

3. 语言朴实生动，行文流畅，可读性强

启辉兄既受过系统的专业训练，又有非常丰富的实操经验。和其先前的佳作《其实你不懂孩子》一样，作者并没有在本书中过多地引经据典、卖弄学识，相反，其文字质朴有力，即使是文

化程度不高的读者，也能充分地理解本书的主旨。例如，"我看到的不是题，而是知识点""题海无边，回头是岸""父母要做老师和学生的'月老'"，这些生动形象的话语能让读者在阅读的过程中不时地会心一笑，即刻领会作者的思想。此外，书中还有"有时候只要家长说：'你给我滚！'孩子立马走人，留家长一个人在风中凌乱"等极具画面感的语言，相信会让不少父母"心有戚戚焉"。

　　受学识所限，我所谈的观点未必完全准确，在此请启辉兄及广大读者多多谅解。同社会公众对心理科学知识的需求相比，理论坚实、实务透彻的应用心理学著作太少，远远不能满足社会的需求。而子女的教育问题对很多家庭来说都是重中之重，家长尤其需要科学的指导。从这个意义上说，本书的出版恰逢其时，我相信会有很多读者朋友从这本书中受益。最后，祝愿心理学的阳光雨露能惠及更多的社会公众，能更好地满足广大人民群众对身心健康、生活幸福的追求。

张阔

南开大学社会心理学系副教授，心理学博士
2019 年 3 月，南开大学新开湖畔

化繁为简，点石成金

先说个小故事吧。

一天晚餐后，女儿突然对我说："爸爸，做阅读题其实很简单。"听到女儿的话，我故意倒在地上，说："哈哈哈，我高兴得要疯了。"女儿的成绩还不错，但不是非常优异。由于刚开始做阅读题时正确率极低，女儿非常害怕做阅读题，甚至很多时候干脆空着不做。时隔几年，听到她突然这样说，我当然高兴。我对女儿说："我终于等到这一天了。你一直在爬坡，虽然辛苦，但你会越爬越高，终究有一天会登上山顶。"如果孩子在学习上有了信心，孩子的学习就会越来越好。

我从事基层教育工作二十多年，越来越觉得教书育人的工作困难重重。最大的难题之一莫过于提高学生的成绩。面对一些学习困难的学生和希望帮助孩子提高学习成绩的家长，我总感觉方法不多，收效甚微。当启辉老师让我为他的新作写序时，我担心自己的水平不够，怕辜负了他的期望。

这些年来，时不时听启辉老师说起辅导学生的案例，但是都没有深入地了解。收到书稿，看到《学习好其实并不难——精熟高效学习法》的书名时，我眼前一亮，感觉启辉老师给我送来了解决困难的妙方。

本书是启辉老师从事学习辅导 16 年的精心之作。书中的辅导案例丰富，引人入胜，理论深入浅出，方法简单、易操作。他从不进行学科知识的辅导，而是通过指导学生改进学习方法，调节心理状态，从而达到神奇的效果，可谓点石成金。他把精熟高效学习法归纳为"一个目标、两驾马车、三方关系、四种品质、五个环节"，化繁为简，匠心独运。

学习是非常个性化的活动。不同的学生在认知发展水平、风格、学习效率等方面可能存在巨大的差异，以精熟掌握为目标的理念，满足了学习个性化的要求。在校的老师如果坚持这一理念，就能在设计教学、布置作业等方面发生转变，从而提高课堂教学效果，真正做到有效教学，大大减轻学生的课业负担。学生如果坚持这一理念，就能排除无关因素的干扰，做到有的放矢，减轻学业负担，高效学习。家长如果坚持这一理念，就能更客观理性地看待孩子的成绩，从而更从容地做孩子学习的支持者。

学习是复杂的心理活动。每一个学习行为的背后都隐藏着心理秘密。启辉老师有着深厚的心理学知识，更为可贵的是，他把理论讲得通俗易懂，深入浅出，让小学生都能读得懂本书，也会喜欢读这本书。在看书稿时，我把书中讲述延迟理论的章节给女儿读了读，她读完之后还想继续读。老师如果掌握了这些学习理念，可以更好地分析学生的学习行为，提高专业素养，有效地指导学生的学习。家长如果掌握了这些理念，定将受益匪浅。

学习受多种因素的影响。智商与孩子的成绩关系密切，但智商由先天决定，后天很难改变。孩子的学习方法和非智力因素极大地影响孩子的学习成绩，如果这些因素得以改善，往往就会起到立竿见影的效果。启辉老师提出的两驾马车就是提高成绩的秘籍，而且这两种学习方法简单易学。情绪、亲子关系是影响学习的重要因素，书中提到的很多小技巧可以帮助家长与孩子化解矛盾。比如一位学霸女孩在青春期对妈妈发火，但这位妈妈控制住了情绪，事后用一句话让女孩觉得惭愧。

孩子如果认真读了这本书，一定能够成为学习的主人，取得好成绩。

父母如果读了这本书，一定能提高家教技巧，成为有智慧的父母。

老师如果读了这本书，一定能提高专业能力，成为优秀的老师。

孩子如果在学习中遇到困难，不妨读一读这本书，困难可能迎刃而解。

如果亲子关系变得紧张，家长不妨从这本书中找找方法，你可能会茅塞顿开。

老师如果在教学中遇到疑惑，不妨读一读这本书，你可能会找到锦囊妙计。

相信这本书能成就更多的好老师、好家长、好学生，愿更多的孩子掌握精熟高效学习法，取得理想的成绩。

教育学硕士，高级教师，广州好校长竞赛金奖获得者

2019 年 2 月

我的曲折职业生涯路

从高校到机关，又从机关回到高校，我的人生就像原地打了一个转。回头看这 16 年，我没有一丝的后悔，反而为自己的选择感到庆幸。多亏有了这样的选择，我做事多了一分专注，多了一分宁静，于是沉下心来，十年磨一剑，终归有所收获。每次在讲座时看到家长渴求知识的目光，我的心中就充满幸福；每当看到学生在上我的课时总是抢占前排的位置，认真聆听，作为一名教师，我很欣慰；每次听到孩子们成绩进步的反馈，我的心中就充满喜悦。

温暖之鲁东大学

我于 1999 年毕业于江西师范大学，研究方向是心理统计与测量，毕业后在烟台师范学院（现在的鲁东大学）工作。那年暑假，心理与教育系承办了山东省中小学心理老师的培训，我跟着听了一些课，接触了一些中小学一线老师。我和曾莉老师的第一次相遇就是在那次培训中，我们都从事家庭教育的推广工作，经常在不同的场合相遇或合作。更巧的是，2015年，我出版了《其实你不懂孩子》一书，曾莉老师出版了《孩子，我懂你吗？》一书，一唱一和，遥相呼应。曾莉老师既好学又热爱心理工作，给我留下了深刻的印象。

2000年春夏之交，青岛市人事局人才交流中心给我抛出了橄榄枝，我来到青岛市人事局人才交流中心测评部工作。

辗转又回到高校

经过几年的磨炼，在做培训的过程中，我发现自己擅长讲课，喜欢站在讲台上的感觉。经过长时间的思考，我希望余生一定要做一份自己喜欢的工作，无论怎样，要回归心灵的惬意和安宁。

就这样，我于2003年来到青岛建工学院（后来改名为青岛理工大学），从事心理咨询工作。2003年下半年，学校要迎接山东省高校工委的德育评估，心理健康教育中心在此时成立了。

心理咨询是一项非常专业的助人工作，心理咨询师如果做得不好的话，就有可能对来访者造成伤害，或者被来访者带进沟里。心理咨询师需要通过以下几种方式来提高专业技能：第一种方式是培训，通过专项技术培训，来提高自己的专业技能；第二种方式是在咨询实践中不断磨炼，逐渐提高；第三种方式是阅读专业书籍，以便提高理论水平。近年来，青岛高校心理健康教育研究会组织了多次督导培训，这是心理咨询师的福音。

自2003年从事这份工作以来，我每年都会参加一两次培训，同时不断地读书学习，以便提高自己的专业技术水平。

步入家庭教育领域

我从事心理咨询工作十多年，发现来访者的问题大多源自其特定的成长经历，和他的原生家庭有很大关系。一个咨询师即使有高超的助人技术，也不能做到个个手到病除。心理咨询师的无力感远甚于医生。在从事这项工作多年之后，我一直有个想法，就是找一个可以和家长面对面聊孩子教育问题的机会，"治未病"远比"治已病"更有意义。

基于这样一个想法，2008年，我便开始寻找跟家长互动交流的机会，强调家庭教育的重要性，帮助家长走出一些家教误区。

恰逢青岛市妇联在2008年推出了"迎奥运·百场公益讲座进社区"的活动，借助这个机会，我开始走进社区、学校为家长讲课。这些年来，我的讲座遍及青岛各区市以及威海、济南、淄博、廊坊、滨州、南昌等地。

一踏入家庭教育领域，我就发现，如今的父母非常渴望学习家庭教育知识。很多家长在生活上宠溺孩子，在学习上对孩子要求过高，这种钟摆式教育方式对孩子的成长十分不利。

2015年3月，我将我的讲座发言稿整理成一本书，书名是《其实你不懂孩子——一名心理咨询师眼中的家庭教育》。这本书在上市短短两年内就印刷了7次，可见现在的父母对家庭教育知识的学习热情很高。这本书是我从事家庭教育推广工作的阶段性总结。

2003 年，在我刚到建工学院没多久，我遇到了第一个学习心理辅导的个案。当时学院的一个领导对我说，他朋友的孩子遇到一些问题，请我帮帮孩子。来访者是一个 16 岁的女孩，在潍坊读高一。来访者在刚上高一的时候，曾名列级部第一。从此以后，她怕别人干扰她的学习，怕失去第一名。教室里的每一个声音都能进入来访者的耳朵，翻书声、转笔声、咳嗽声……让她不堪其扰！她越不想听，就越能听到，哪怕是很细微的声音，她都能听到。后来，来访者的睡眠和情绪也受到影响。来访者数次要求退学，父母不得不寻求专业的心理帮助。

这个咨询个案持续了两年时间，刚开始每周进行一次咨询，到了高三，每个月进行一次咨询。随着咨询的展开，来访者的状态越来越好。高考时，她的成绩名列她所在城市的文科第二，她被北京一所"985"高校录取。

2005 年，我偶遇了邢洁，她是我迄今为止见过的行动力最强的人。当时，我建议她进入教育领域创业。没过多久，她便辞掉了工作，在青岛开展教育培训的工作。在创业之初，我们邀请了莱西的李绪坤老师来上课。李老师非常擅长学习心理辅导，他给我开启了一扇窗，让我明白一旦把自己天天接触的心理学知识灵活运用到学习辅导中，就能起到化腐朽为神奇的作用。

后来，我经常接触中学生，我辅导过的学生先后考入武汉大学、北京科技大学、西南交通大学、华东理工大学、中国海洋大学、上海外国语大学、厦门大学、北京理工大学、中国科技大学等知名高校。作为一名高校心理老师，我在辅导学生时，从来不讲授学科知识，只是利用心理咨询技术，评估来访者的各项指标，从而进行有针对性的学习心理辅导。

就拿 2016 年 12 月我辅导过的孩子来说，我一共只给孩子们上了一天半的课程，不少孩子在期末考试后，告诉我他们在级部的排名提升了 100 多位。每当在期中、期末考试之后，以及中考、高考之后，我最高兴的事就是听到孩子们学习进步的消息。

人生导航——职业生涯规划

我涉足职业生涯规划领域的原因与我个人的经历有关。我从高校来到机关，又从机关回到高校，说明我并没有做好人生规划，没有确定好自己事业的发展方向，以至于在社会上蹉跎了好几年。回到高校后，我在领导的支持下开设了职业生涯规划课。在山东的高校中，我校最早开设了这门课。正因为自己走了许多弯路，所以才希望帮助更多的人走好人生路。

记得我高考时状态极差，以为自己和大学无缘了，无心参加学校组织的高考志愿填报大会，草草地填报了一个志愿，然后就去工地上打工了。没有想到的是，我的高考成绩达到了本科分数线，但是被调剂到一个自己一无所知的专业。由于当时规定在成绩公布之前填报志愿，我们班有个高考成绩达到北大分数线的同学也被调剂到这个专业，可见做好人生选择有多重要。

当时我们班另一个同学的志愿填报过程也是一波三折。这位同学平时成绩很好，高考之后，他觉得自己考得不好，草草地填报了一个师范专科学校的志愿。班主任觉得他平时成绩很好，这样填报志愿挺可惜，于是帮他多填报了一个师范大学的志愿。没有想到的是，成绩公布后，这个同学的实际成绩比他估计的分数高了整整一百分，顺利被师范大学录取，后来被保送到中科院攻读研究生。这样跌宕起伏的故事，不免让人唏嘘。

曾莉老师的女儿在临近高考时，曾经向我咨询将来学什么专业比较好。她是一个理科生，爱画画、做手工，我建议她选择一个兼具技术性和艺术性的专业，比如建筑学。高考成绩公布后，她考了650多分，成绩还不错。天津大学招生办公室的老师打来电话，欢迎她报考天津大学。她问对方能不能保证让她学建筑学。天津大学的老师说，除了建筑学，选其他任何专业都可以。东南大学也打来电话，情况依旧。这让她很纠结，究竟是选个好学校，还是选个适合自己的专业？

经过深思熟虑，她决定选择适合自己的专业。最后，她被北京林业大学的风景园林专业录取。后来证明，这个选择是明智的。在大学四年里，有些同学学得特别累，而她轻松名列专业课成绩前三。快毕业时，学院老师说，她可以留在本校读研究生。她想换个环境，于是参加了北京大学建筑与景观设计学院的保研考试，在和北大、清华这些名校学生的竞争中，她的保研考试成绩名列全国第二，顺利成为北京大学保送研究生。

知道这个消息后，曾莉老师在第一时间向我报喜。最近一次和曾莉老师吃饭聊天时，曾老师说孩子到了北大，现在专业课成绩排名第一。由此可见，做好职业生涯规划有多重要。

这些年，我指导了不少考生填报志愿，无论分数高低，这些孩子后来都发展得不错。

就这样，自2003年之后，我笃定地在大学生心理咨询、家庭教育推广、学习心理辅导以及职业生涯规划领域耕耘。本书是我从事学习心理辅导 16 年经验的总结。"十年磨一剑",相信一个人只要足够专注,就一定会有所收获。

刘启辉

2017 年 10 月,蓝庭斋

第一篇　方法篇
精熟高效学习法综述

第二篇 谋略篇
解密好成绩

///

03

第三篇　技术篇
学海拾遗

//

第一章　英语和语文学习

这是一本
可以互动的家庭教育图书

● 使用说明

本书配有读书交流群，您可以和本书作者刘启辉教授及其他读者分享观点、交流心得，还能获得有效提高孩子学习成绩的秘笈。

● 入群步骤

1. 用微信扫描本页二维码。
2. 根据提示加入读者交流群。
3. 在群内回复关键词，领取相关资源。

微信扫描二维码
加入本书读者交流群

第一篇
方法篇
精熟高效学习法综述

　　作为一名教育工作者，我一直有一个梦想：找到一条正确的道路，让孩子们不必在漫无边际的题海中挣扎。当孩子们在题海中游泳挣扎时，我希望能给孩子们指明方向，告诉他们其实海岸就在他们的旁边，这样孩子们就不用再付出无谓的辛劳了。如果方向对了，孩子们的每一个划水动作，都能让他们更靠近希望。

题海无边，回头是岸

——精熟高效学习法的精髓

【资料】女生晒考卷，三年考卷高 2.41 米

从高一到高三的所有考卷，加起来究竟有多少？一张题为"晒考卷"的图片在网上热传。据统计，这些"从高一到高三的所有考卷"摞起来有 2.41 米高。

记者发现，该图片最早由网友在自己的人人网空间上发布。其人人网资料显示，图中的女生来自河北沧州，毕业于河北衡水中学，后来就读于香港大学。

许多网友对这张图片深有同感。其中一名网友说："我们当年也是这样，不过不努力就没有好的结果。"另一名网友说："从应试考试的角度来看，题海战术还是有效的。"

作为一名教育工作者，我一直有一个梦想：找到一条道路，让孩子们不必在漫无边际的题海中挣扎。当孩子们在题海中游泳挣扎时，我希望能给孩子们指明方向，告诉他们其实海岸就在他们的旁边，这样孩子们就不用再付出无谓的辛劳了。如果方向对了，孩子们的每一个划水动作，都能让他们更靠近希望。

其实这个梦离我们并不遥远，我甚至可以坚定地告诉你："它不是梦，它就是现实。"

樊登读书会的创办人樊登在读《翻转课堂的可汗学院》一书

时，讲了自己的一则小故事：

"我爸是大学数学系教授。在我上大学的时候，有一次我回家后，我爸问我：'你明天考什么啊？'我说：'考概率论。'我爸正好是教概率论的教授。我爸说：'来！我给你出几道题，你做一下。'我爸就拿起一支笔，直接写了10道题。他说：'你把这10道题做一下。'我一做，完了！都不会做！我爸拿起那10道题一看说：'你明天肯定过不了！你连40分都考不了！'我问他：'那我咋办？'他说：'你今天晚上不用干别的了，专心把这10道题正确地做出来。'我爸要求我一边查书，一边把这10道题做出来。然后，我真的这么做了。做完了以后，第二天就去考试了。那可真的是临时抱佛脚！结果我考了88分，在我们班名列第三！考线性代数的时候，我主动去找我爸。我说：'爸，能不能再给我出10道题？'然后我爸又给我出了10道题。我又一边查书，一边把那10道题做了，结果考试又得了88分！你说神不神？！"

从樊登的这个故事中我们可以看出，题不在多，而在于精。这也是精熟高效学习法的精髓。可汗学院提倡精熟教育，针对一个知识点，考试时出10道题，只要学生有一道题不会，就不能通过。学生只有把10道题都做对了，才能通过考试。这其中的道理很简单，这10道题都是有关这个知识点的代表性题目。学生只要做对了这10道题，基本上就掌握了这个知识点。一名优秀的老师在教学中不应该过度依赖暴力作业，而应该抓住所学知识的本质，让学生通过做几道典型的题就能掌握一个知识点，颇有举重若轻的感觉。过度依赖暴力作业的老师认为：只有通过给学生布置铺天盖地的作业才能达到提分的目标。这两种教学方式就像精确制导导弹和填充霰弹的鸟铳一样，几乎没有可比性。

用一句话来概括，精熟高效学习法就是"一个目标，两驾马车，三方关系，四种品质，五个环节"。

所谓一个目标，就是精熟，也就是掌握。在学习过程中，我们应该引导孩子追求知识的掌握，而不是追求排名。对于追求排名的孩子来说，除非孩子一直能在任何群体中都处于佼佼者的地位，否则无论是一直居于末位，还是从高排名跌落，都将让孩子受到打击，有些孩子会因此一蹶不振，甚至厌学、逃学。虽然学生可以通过大量的作业训练来掌握知识（这是笔者不赞同的一种教学模式），但精熟高效学习法讲究的是以掌握知识点为目标，通过做少而精的题目来达到熟练掌握知识点的目的，这样的学习方法才是高效的！

两驾马车是指错题本（或错题思想）和思维导图这两种学习工具。试卷中的错题能直观地体现学生尚未掌握的知识点。为了掌握知识点，就得查缺补漏。如果学生对错题不管不顾，就不可能取得好成绩。如果学生有太多的漏洞和问题没有解决，就很难取得高分。因为你不能指望命题老师只出你会的题。成绩优异的孩子一般都有错题本。即使没有错题本，这类孩子也会有错题思想，会努力将不会做的题弄懂。

是不是只要有了错题本就够了呢？不！首先，使用错题本有点像"事后诸葛亮"或"亡羊补牢"。其次，错题基本上来自孩子平时的作业和试卷，如果作业和试卷没有检测到某个知识点，那就意味着孩子并不知道自己是否掌握了这个知识点。能够弥补错题本不足的工具是思维导图，我喜欢将两者称为学习的两驾马车。思维导图号称是人脑使用说明书，它是一个非常强大的学习工具。在预习、听课、记笔记、复习、做作业这五个环节中，思维导图都可以发挥很大的作用。

三方关系指的是要处理好孩子和父母的关系、孩子和老师的关系、孩子和同学的关系。关系胜过教育。如果关系好了，一切水到渠成。如果亲子关系不良，一方面会影响孩子的安全感、专注度，另一方面会影响孩子的学习情感。如果安全感、专注度和学习情感这三者中有任何一个因素受到影响，都将影响孩子的学习效果。常言道："亲其师，信其道。"师生关系不良容易伤害孩子的学习情感，所以父母一定要做老师和孩子之间的润滑剂，让师生关系变得融洽。最理想的状态是孩子喜欢老师、崇拜老师，老师喜欢孩子、爱孩子。同学关系同样不容小觑。在小学阶段，孩子并不特别在乎同龄群体的认同和接纳。到了青春期，如果同学关系不好，极有可能使孩子产生负面情绪，甚至导致孩子厌学、逃学。

四种品质指的是自我感、自制力、意志力和适应力。学习行为并不是孤立存在的，还需要人格品质的支撑。只有聪明是不够的，因为聪明并不能够让孩子成为一个成绩优秀的个体。第一个品质是自我价值感。孩子首先要有积极的自我价值感，要自信、自尊、自爱。没皮没脸的孩子是最难被教育的，有自尊的孩子才能有积极向上的心。古人云："知耻而后勇。"自信的孩子遇到困难时不会退缩。第二个品质是自律，也就是自我控制力、自制力。学习成绩好的孩子往往能抵制诱惑，能约束自己朝着目标前进。第三个品质是坚持。在现今社会，九年义务教育已经不能满足经济发展对人才的要求，很多工种的上岗条件都是劳动者接受过高等教育。从小学开始，直至大学、研究生，少则十多年，多则二十多年，如果没有坚持的品质，这漫漫求学路如何走得下来？

第四个品质是适应力。在求学生涯中，孩子不仅要适应不同性格、不同教学风格的老师，也要适应形形色色的同学。适应力强有利于孩子更好地发展。

五个学习环节是指预习、听课、记笔记、复习和做作业等。这五个环节说起来容易，但是细究下来，不见得每个孩子都会做或都能做得好。有些孩子如同丢了西瓜捡了芝麻，虽然把笔记记得很漂亮，却耽误了听课。有些孩子做完作业就跑出去玩，很少进行自主复习。其实理想的方式是先复习后做作业，可是又有几个孩子能做到呢？无论是在预习时还是在复习时，如果孩子都能运用思维导图，就会如虎添翼，事半功倍。

经过这十多年的探索，我虽不敢说自己能"化腐朽为神奇""点石成金"，但的确创造了不少奇迹。我曾经在一年之内通过电话指导一个复读生，让他的分数提高了 100 分左右。我曾遇到过这样的案例，在中考前三个月左右，我只辅导了一个孩子短短两个小时，孩子回家后就对妈妈说："妈，你不用担心了，我知道该怎么学习了！"经过三个月的冲刺，孩子最终考了一个令人惊喜的中考成绩。这样的例子不胜枚举。我只想通过这本书，帮助更多的孩子缓解压力，轻松跨过人生的各个节点，收获幸福的人生。期待老师和家长能用正确的方式陪伴、督促孩子，让每个孩子都开心、幸福满满！

第一章

一个目标：精熟掌握

【案例】两小时的单独辅导让"学霸"升级"学神"

两小时的单独辅导让一位高三学生的语文和英语成绩进步明显，从级部第 20~50 名上升到第 2 名，考入北京理工大学。

朋友请我帮忙辅导孩子学习

求助者是我的中学同学，远在江西赣州老家。孩子正上高三，成绩一直不错，排在级部第 20~50 名。同学对我说："听说你过年回老家，想麻烦你辅导一下孩子，能否将孩子的成绩提高一点？"

孩子各方面情况的初步分析

我以前曾经见过这个孩子，他是一个腼腆、文静的男孩。这个孩子学习成绩优异，爱学习，学习的自主性很强。孩子的成绩这么好，我相信孩子有很好的学习习惯。同学家里的氛围特别好，孩子有一个让人羡慕的美满家庭，亲子关系也非常好。这样的孩子没有明显的硬伤。孩子只需要在学习态度上稍做调整，在学习方法上稍加改善，就能提高成绩。

两个小时的单独辅导

我让同学找了一个安静的地方，单独给孩子辅导了两个多小时。在辅导过程中，我发现孩子的理科成绩优异，语文、英语稍弱。在两个小时的时间里，我着重端正孩子的学习态度，向孩子传授语文和英语的学习方法。

辅导后孩子的语文和英语成绩明显进步

在接下来的几个月里，我不断地得到同学的反馈。在辅导之前，孩子的英语成绩一直在120~130分之间徘徊。辅导结束后，过了一个月，同学告诉我他孩子的英语成绩提高到了130多分，语文成绩也提高了不少。在第二次模拟考试成绩公布的时候，同学给我打了一个电话，他非常兴奋地对我说："非常感谢你！孩子这次的成绩名列级部第二，英语成绩更是令人惊喜，考了140分，这样下去，考上清华、北大都有可能。"我被他的情绪感染了，足足跟他聊了一个多小时。高考时，虽然孩子没有考上清华、北大，但是孩子的英语成绩是136分，最终考上了北京理工大学。更重要的是，孩子说刘叔叔教的学习方法真好用，他上大学后还会继续用下去。

本次辅导总结分析

我对这个孩子的辅导之所以成功，是因为孩子在学习上没有硬伤，辅导的方法有实效。我在下面这篇文章《你是否中了"排名"的毒》中讲述了具体的辅导思想。

你是否中了"排名"的毒

无论是老师还是家长，都不应该让孩子过于关注排名。如果孩子过于关注排名，排在前列的孩子就会怕失去排名；排在后面的孩子就会处在恐惧的情绪之中，容易出现行为（如厌学、叛逆）或心理（如压抑、抑郁）等方面的问题。一个好老师，一个好家长，都应该让孩子追求知识点的掌握，掌握了就不怕考，没有掌握就踏实学习，直到掌握。假如孩子尽力了，仍然无法搞懂一些知识，那也不遗憾。好的教育是让每一个孩子的潜能都得到发挥，让每一个孩子都热爱学习、持续学习，而不是给孩子制造压力、恐惧和痛苦。倘若如此，我们的孩子就能多一点阳光。

【案例】陷入"排名"的泥沼

有一天，有一个上重点高中的高一女孩和她母亲来找我做专业倾向测评，看看她是更适合学文科还是更适合学理科。做完测评之后，女孩怯怯地对我说："刘老师，我可以学艺术吗？"我的第一反应是：能考上这所重点高中的学生为什么要学艺术呢？中考时，能考上这所重点高中的孩子每一门功课都接近满分，他们的学习能力肯定都很强。现在有不少孩子之所以选择学艺术，是因为文化课成绩太差了，没有办法，只好去选择学艺术。我见过的孩子比较多，很快就知道这个女孩的问题出在哪里了。

我对孩子说："你是不是以前成绩特别好，可是进了这所重点高中之后，你从来就没有考过一个好名次，所以想通过学艺术，考上一个好的高校？"没有想到，我话音未落，这个女孩就哭了起来。

原来这个女孩是以某初中级部第一名的成绩考入这所重点高校的。可是上了高中之后，一年之内经历了那么多次考试，她从来没有考到过级部前四百名，无奈之下，才有了学艺术的想法。

我发现这个孩子过于在乎排名。这个曾经排名在初中级部前列的孩子，如今每天早上爬起床，都要面对自己的成绩排在高中级部四百名开外的局面。一个过于在乎排名的孩子怎么能够承受如此巨大的落差？最终打败这个孩子的不是学习能力差，而是沉重的心理压力。数次的努力，数次的失败，让孩子产生习得性无助。

王金战老师曾经带过一个号称"史上最牛"的班。55名学生中，有37人考上清华、北大，10人考上了哈佛、牛津等世界一流高校，班上所谓的"最差"的几个孩子，也考上了北京航空航天大学、南开大学等学校。这样的成绩的确让人惊叹。王金战老师的班上共有55名学生，肯定有人考第40名或第50名。从班上的高考成绩来看，就算排在第40名的同学也能考上北大、清华。这样的孩子，无论放在哪个城市、哪所高中，都是佼佼者。可是，这个孩子每天早上爬起来，都要面对自己是班上第40名的局面。如果王金战老师过分强调排名的话，就会让学生面临非常大的压力。

一个过于在乎排名的孩子，除非在各个学习阶段都能位居前列，否则就容易担心、惶恐，甚至产生习得性无助，放弃学业。即便孩子能始终位居前列，也总是担心被人超越，患得患失。

如今，教育主管部门一再强调，不让学校按学生成绩排名。既然过于关注排名不好，容易引发孩子的心理问题，那么我们应该强调什么呢？要强调对所学知识的掌握。

一切学习行为的终极目标都应该是对所学知识的掌握，而不是排名的先后。比方说，对于一张满分为 120 分的试卷，一位同学考了 105 分，那么从一般意义上来说，105 分代表孩子已经掌握（这里暂不考虑猜测等因素）的部分，15 分代表孩子没有掌握的部分。孩子应该把学习的重心放在那没有掌握的 15 分上，看看自己是在哪些知识点上丢了分，要把没有掌握的那部分知识掌握好。

说到这里，很多人会联想到老师经常强调的"查缺补漏"。学习，学习，学而后习。在练习和复习中，至关重要的是查缺补漏，尤其是在中考、高考的大复习中，能否取得很好的复习效果，取决于一个人"查"的能力和"补"的能力的高低。

一、引导孩子追求对知识的掌握，才能端正学习态度

一个人的认知和情绪状态会影响他的外在行为。如果家长和孩子过于关注排名，孩子在考试前就会担心考试结果（排名），容易让孩子引发内心的焦虑，也就是常见的考前焦虑。如果家长和孩子都注重对知识的掌握，孩子就会坦然面对考试。如何面对考试？就是孩子进入考场后，尽量把会做的题做出来，把不会做的题连猜带蒙地做出来。考试结果的好坏取决于孩子考前的准备是否充分。如果孩子准备充分了，自然就会信心满满；如果没有准备好，就找出不足，为下次考试做好准备。

让孩子注重掌握知识不仅能缓解孩子的焦虑，而且能端正孩子的学习态度。记得有一次，"五一"小长假时，我同事的孩子来找我求助。这是一个初三的女孩子，成绩非常优秀，在班上经常考前三名。英语老师布置了一份假期作业，在十几页 A4 纸的

左侧列出了英语单词的汉语意思，右侧是空白的。老师要求孩子们将对应的英语单词写在右侧。当时，我问这个女孩："你打算怎么完成这份作业？"

她说："我想先把会的单词写上去，对于不会的单词，到最后统一查书或者查字典，再填写上去。"

在辅导学生时，我经常用这个案例来讨论，我发现很多孩子都采取这样的策略完成作业。

我接着问："这里面有没有你不会的（没有掌握的）单词？"

她说："有啊，肯定有！"

我说："对于不会的单词，你通过查书或者查词典，把单词抄上去，就能掌握了吗？"

她说："不可能！只抄写一遍，我怎么能记得住？"

我笑着说："那你花了不少时间做这份作业，结果还是记不住单词。如果换作我，我不急着把会的单词写上去，我先把不会的单词挑出来，然后背过。"我向她解释，这样完成作业的效果才比较好，因为学习的目的是掌握知识，而不是简单地完成作业。

其实，老师、家长都应该引导孩子追求对知识的掌握，而不是追求排名。比方说，我家孩子有一次听写英语单词，错了好几个，老师让孩子回家后将写错的单词抄 10 遍。我非常理解老师的做法，因为孩子没记住这几个单词，所以老师希望孩子通过多抄写几遍来将这几个单词记住。可是，不少孩子不理解老师的良苦用心。但凡是带有惩罚性的作业，都容易引发孩子的不良情绪，有些孩子甚至与老师对着干，将几支笔捆绑在一起，抄一遍就相当于抄了好几遍。这种方式不但不容易让学生掌握知识，还容易让师生关系恶化。

那天，我向孩子解释老师让他抄写 10 遍的原因。我说："你先别急着抄，我给你一点时间，你将这几个单词好好背一背，一会儿我再检查一下，看你记住了没有。如果你记住了，那么抄写 10 遍的意义不大。如果你没有用心背会，抄写 10 遍也不一定能背会。"没过多久，孩子说背诵完了，我检查了一下，他果真记住了。我说："孩子，对于没有掌握的知识，我们要去努力掌握，你现在背会了还不够，睡前和明天起床后，我还会考你。现在你会了，很好！你看，是我帮你抄 10 遍，还是你自己抄 10 遍？"没有想到的是，孩子的情绪非常好，爽快地说："我自己抄吧。"其实，我从来没有帮孩子做过作业。因为我和孩子的沟通很顺畅，孩子的情绪好了，一切都很顺利。家长要引导孩子认真完成作业，不要让孩子和老师对抗，家长要给孩子树立一个榜样，积极配合老师的教学。

大家可以从以上两个案例中看出，如果家长引导孩子注重对知识的掌握，孩子就会更愿意听老师和家长的话，从而端正学习态度，改善学习行为。

二、错题本的境界

掌握知识的一个重要途径是"查缺补漏"。在常见的学习方法中，哪种方法能体现"查"呢？答案是错题本。学生可以没有错题本，但要有错题思想。如果两者都没有，那是万万不行的。每年高考之后，都会有记者问各省的高考状元："你能否给学弟学妹们分享一些好的学习方法？"他们往往会提到错题本这一方法，可见其重要性。

打个比方，如果我和你一起打乒乓球，对于打到我正手区域的球，我的回球质量特别高，要么让你接得别扭，要么我直接得分；对于打到我反手区域的球，我的回球质量就特别差，不是回不过去，就是给你机会得分。假如你发现了我的这个特点，接下来你会怎么办？肯定是只要有机会，你就把球打到我的反手区域，因为那是我的软肋。

在这种情况下，假如我有个乒乓球教练，这个教练没有让我进行有针对性的练习，而是让我练习正手球 500 个，练习反手球 500 个。这样练习的效果好吗？肯定不好，估计练完以后，我的水平还是老样子，对正手球接得好，对反手球接得不好。很多学生不知道自己的薄弱点在哪里，或者说查找不出自己的薄弱点，一味地做题，只想靠题海战术提高成绩，这样其实事倍功半。针对一个知识点，从理论上讲，出题者可以出无数道题，孩子即使做了很多道题，也不能保证掌握了所有的知识点。如果没有进行针对性的查缺补漏，就无法取得良好的学习效果。会学习的孩子通常都会查找问题，都有错题本。

可以让孩子问自己这样几个问题："我有错题本吗？我为每个学科都准备错题本了吗？我是否很好地使用了错题本？用错题本有四层境界，我到了哪一层？"

使用错题本的第一层境界是"没有错题本"。前面说过，孩子可以没有错题本，但是得有错题思想。如果孩子既没有错题本，又没有错题思想，孩子的成绩就不可能起色。试想，一个对漏洞和不足不管不顾的孩子，怎么可能考出好成绩呢？有的孩子在考前总是祈祷命题者只考查自己掌握的知识点，一旦考了他没有掌握的知识点，他就傻眼了。孩子之所以没有错题本，一般是因为没有认识到错题本的重要性，而且觉得抄错题浪费时间，就放弃了这种学习方法。

使用错题本的第二层境界是"有错题本，但仅仅是有而已"。处于第二层境界的孩子往往比较听话，当老师布置任务，让大家使用错题本时，他往往把错题抄得工工整整的。但是，当他把错题汇集在一起后，却不知道后续该怎么做。这样做的效果甚至比第一层境界的效果还差，原因是只抄写一遍，往往是记不住的，还浪费了大量的时间。很多孩子是从第二层境界退回到第一层的，因为无效，再加上惰性，索性就不用错题本了。

达到第三层境界的孩子明显比处于第二层境界的孩子好多了，他们基本上能把曾经做错的题做对。达到第三层境界的孩子其实还需要更多的努力。针对一个知识点，从理论上讲，出题者可以出无数道题，一个学生很难在重大考试中遇到自己曾经做过的题，命题者会有意避免出现这种情况。

达到第四层境界的孩子必须练就一种功力——"我看到的不是题，而是知识点"。这类孩子在做题的同时能注意到题目考查的知识点是什么。比方说，孩子在抄一道错题时，觉得以前曾经抄过这道题，有心的孩子是不会错过这种感觉的，他会在错题本中往前翻，找到以前的这道题。一经对照，他便发现这两道题其实并不是同一道题。他为什么觉得是同一道题呢？答案就是：两道题考查的是同一个知识点。中国有句古话："事不过三。"现如今，面对同一个知识点，已经"一而再"地出错，如果不解决掉的话，就会"再而三"地出错。当他把这个知识点搞懂了，将有代表性的题型做熟练了，以后再遇到有关这个知识点的题，通常就不会再做错了，那么在错题本上的这两道错题的作用就得到了体现。所以，错题本并不是越厚越好，而是越薄越好，就像影片《英雄》里的一句台词："剑法的最高境界是手中无剑。"其实错题本的最高境界是没有错题。

三、思维导图

孩子有了错题本或者错题思想就够了吗？不见得。针对一个知识点，从理论上讲，出题者可以出无数道题，孩子即使做了再多的题，也不见得能掌握所有的知识点。错题来自孩子做过的题。如果孩子做过的题没有涉及某个知识点，那就意味着孩子并不知道自己对这个知识点的掌握情况。从这一点来看，错题本并不是万能的，是有局限性的。能够弥补错题本的局限性的工具就是思维导图。

思维导图是非常好用的学习工具，尤其适合梳理知识点。如果说使用错题本是为了逆向寻找自己的知识盲区的话，那么使用思维导图就是为了正向查询自己的不足。如果一个成绩优异的孩子只通过错题本来寻找自己的不足，就会让学习变得低效，因为这类孩子的知识盲区少，寻找知识盲区的难度有点大。这个时候，孩子就需要通过自上而下的方式，查找自己的知识盲区。

我曾经遇到一位青岛考生，他当年考上了清华大学。他参加过奥林匹克生物竞赛，取得了不错的成绩。可是，当他回到学校后，每次参加生物考试，他的成绩总是在 90~94 分，总是无法得到提高。他很纳闷："我碰到过比这更难的题目，我都能做出来，为什么我的成绩反而提不上去呢？"

于是，他向一位他特别佩服的老师咨询。那位老师说，就他的水平而言，他的知识盲区很少，他想通过做过的题来发现自己的不足是非常困难的。老师建议他自己梳理一下高中生物课程的知识结构图，通过梳理每一个知识点，来检查自己哪里有漏洞，查到了之后把漏洞补上，用这样的学习方法见效比较快。这位学生听了之后，立刻着手干起来。他的确找到了一些小漏洞，当他弥补了这些漏洞后，他的高考生物成绩达到了 99 分。

思维导图是梳理知识点的一个非常棒的工具，而且在预习、听课、记笔记、复习、做作业等五大环节中都能起到非常大的作用。在下面的章节中我将重点介绍思维导图。

第二章

两驾马车：错题本和思维导图

【案例】无心插柳柳成荫

在这个案例中，有一个孩子只是客串了一次我的学生的角色，没有想到的是，他听了我两个上午的课以后，就考到了他所在的重点高中的级部第二十名。

应邀培训成人

有一段时间，我经常去一家淄博的心理咨询师培训机构讲课。有一次，我和机构负责人聊起我做学习心理辅导的经历。机构负责人问我是否可以教教他们，让他们今后也能够处理这方面的个案。我答应了他们。

孩子客串学生

于是，在他们的邀请下，暑假期间我去了一趟淄博，在淄博待了两天的时间。听课的人都是成年人，远离校园多年。为了保证培训的效果，我说："你们能否帮我找几个孩子？上午我给孩子辅导，下午我和你们讨论学习辅导的理论和技巧。"于是，他们找了朋友的孩子来客串。这个男孩是淄博实验高中的学生，马上就要读高三了，成绩很好，在级部排在第一百名左右。

无心插柳柳成荫

两天的培训结束后，我回到了青岛。过了几个月，淄博的朋友又邀请我去做心理咨询师的培训。记得我朋友接到我的时候，非常惊喜地问我："你还记得我朋友的那个孩子吗？"

我说："记得啊！当时孩子听课的状态非常好。"

朋友说："在最近的这次考试中，孩子考到了级部第二十名，而且是数学第一名、英语第二名。班主任非常惊讶地问他这个暑假发生了什么事，怎么像换了一个人似的。"

我好奇地问："到底发生了什么事？"

朋友说："孩子自从上了你的课之后，回家就对他爸爸说：'爸，我知道该怎么学习了，你能不能给我找个安静的地方？我要在暑假里好好学习。'于是孩子爸爸找了一个安静的地方，负责孩子的饮食起居，让孩子专心学习。经过一个暑假的学习，孩子就取得了现在的成绩。"

真没有想到，我当时是在培训两个成年人，结果却无心插柳柳成荫。

本次辅导分析

这个孩子只听了我两个上午的课，客串了一次学生的角色，为什么会有那么大的进步呢？我觉得，这个孩子的各方面条件都很好，听课时非常专注，学习习惯也很好，亲子关系也很好，他只需要改进一下学习方法，就可以提高学习成绩，所以我的指导才会有点石成金的奇效。下文中提到的学习的两驾马车——错题本和思维导图就是非常实用的学习工具，如果孩子能将这两个工具用好，孩子的学习就成功了一大半。

后来我得知，这个孩子一直保持着很好的状态，在高考中考了660多分，考上了北京理工大学。

第一节　学霸的制胜法宝：错题本或错题思想

　　每年高考结束，记者往往会问各省文理状元两个问题，第一个问题是他们是如何学习的，第二个问题是他们能否给学弟学妹们一些建议。在提建议时，他们最常提到的就是建错题本，可见错题本是多么重要。不少学生年复一年、日复一日地努力学习，可成绩并没有起色。究其原因，就是因为没有查缺补漏的思想，没有错题本或错题思想，结果一直无法掌握自己不懂的知识。这样孩子的成绩怎么能好起来呢？

　　正如前文所言，错题本或错题思想的重要性是不言而喻的。如果一个孩子没有错题本，也没有错题思想，那么他的成绩就很难起色。有不少孩子貌似一直很努力，可成绩并不理想。如果一个孩子没有错题本或错题思想，就会将自己的问题束之高阁。如果孩子不把自己的知识漏洞补上，不把自己不会的题搞懂，怎么能提高学习成绩呢？即使学习成绩偶尔提高了，也是因为运气好，试卷考查的内容没有涉及他的知识盲区。一旦试卷涉及了孩子的知识盲区，孩子的成绩肯定不理想。

一、怎样建错题本

　　孩子在建错题本之前一定要思考：错题从哪里来？错题有两个来源，一个是平时的作业、练习，另一个是考试卷。即使孩子不建错题本，也得有错题思想，必须把平时作业中的错题搞懂。要想省掉抄写错题的时间，就要养成定期整理错题的习惯。面对试卷中的错题，如果不想抄写错题或建立错题本，就应该使用卷宗法（后面有专门的章节详述）。总之，孩子不应该既没有错题本，又没有错题思想。

在建错题本时，既可以买现成的错题本，也可以自制错题本。现成的错题本有可能存在一定的限制，自制的错题本能符合自己的个性化需求。

表 1.1　错题本样式

摘抄错题区域	备注区域
1. 抄写错题题干	1. 这道题考查的知识点是什么
2. 建议不要抄写解题步骤，最好是在老师讲解完之后，自己试着独立完成	2. 这道题是如何考查知识点的
	3. 这道题的解题思路是什么
	4. 这道题有没有其他的解题方法
	5. 我的失误和教训是什么

在建错题本时，错题本的样式如表 1.1 所示，可以将错题本分为两个区域，错题本左侧的 2/3 区域是摘抄错题的区域，右侧的 1/3 区域是备注区域。

在摘抄错题时，最好只摘抄题干。在抄写完题干之后，尽量不要照抄老师的解题步骤，最好在老师讲解完之后，自己试着独立完成，看看自己能否将这道题做出来。

在右侧的备注区域里，建议孩子问自己五个问题：

第一个问题是：这道题考查的知识点是什么？如果孩子能够养成这种思维习惯，将有助于孩子掌握"我看到的不是题，而是知识点"的技能。刚开始，孩子可能做不到准确地锁定某个具体的知识点。比方说，有一道错题考查的是语法，但是孩子并不知道考查的是哪个语法知识点。随着孩子语法水平的提高，孩子就能逐渐明白考查的是哪个知识点。

第二个问题是：这道题是如何考查知识点的？是课本上例题的重现，还是例题的变形？比方说，是变更了已知条件，还是公式的逆用？

第三个问题是：这道题的解题思路是什么？关键点在哪里？这道题的背后有没有规律性的解题思想？

第四个问题是：这道题有没有其他的解题方法？哪一种解题方法更为巧妙？

第五个问题是：我的失误和教训是什么？俗话说：吃一堑，长一智。尽量不要在同一个地方摔倒两次。建错题本的目的就是不要把曾经做错的题再做错。所以，吸取经验教训是非常重要的。有些孩子不愿意将很简单的错题列入错题本，对此我并不赞同。如果孩子把简单的题做错了，就意味着孩子有可能被很多人拉开距离。所以，孩子如果犯了一些低级错误，一定要记下来，以免下次再出错。

二、错题本的使用

在使用错题本时最忌将其束之高阁。如果孩子建了错题本却从来不用，那么错题本还有什么用处呢？

错题本的第一个作用在于它是一面"照妖镜"。照妖镜的妙处在于它能让妖精无处遁形。在镜子面前，无论妖精以何种伪装出现，都会原形毕露，无处藏身。错题本是"查缺补漏"中"查"的理想工具，通过错题本，孩子可以找出自己的知识盲区，然后通过查阅资料、求助老师、询问同学等渠道将问题解决掉。所以，从这个角度讲，要定期归纳整理错题本上的错题，从不同的错题中找出规律，找到自己薄弱的知识点，并将知识盲区消灭掉。

错题本的第二个作用在于它是一个报警器。报警器的作用是拉响警报，提示出现错题，反映出孩子前一段的学习出了小问题。所以，孩子要经常翻看错题本，修复之前的错误，不能一错再错。在考试前，最好将错题本拿出来复习。对于一些简单的错题，只需要浏览一下；对于一些难题，就需要重复练习。只有这样，孩子才能不断提高自己的学习成绩。

三、错题本中错题类型的分析及改进方式

把题做错的原因有很多种，相应的改进策略、方法也有很多种。要根据错题的原因采取相应的对策，对症下药才能不断收获进步的果实。

（一）不会做的题

孩子不会做的题目能反映出孩子在学习中的"缺"和"漏"，说明孩子的知识结构和知识体系存在漏洞。通过认真分析错题，夯实错题对应的知识点，多做一些有代表性的题型，就可以把漏洞补上，就可以完善知识结构和知识体系。

1. 对概念不清楚。对概念不清楚是指没有搞清楚知识结构、知识点、基础知识（诸如具体的定理、公式、概念等等）。针对这种情况，处于不同学习水平的同学要加强对相应知识点的训练和记忆，完善自己的知识体系，力争弥补自己知识体系中的漏洞。

2. 对于不同的题型进行的训练比较少。如果孩子对不同题型的训练较少，就无法掌握不同题型的解题思路或技巧。如果孩子处理问题的方式过于死板，即使知道该题涉及的知识点，也无从下手。其实无论是针对哪一类型，都有解题的一般思路和方法（共性）。

只要掌握答题要领，仔细区分某一特定试题的"个性"，就能顺利将题解出。加强训练，长期坚持，就能培养出举一反三的能力，逐渐提高解题的灵活性、变通能力以及逻辑思维能力。

3. 灵活运用能力差。灵活运用能力差的孩子往往对知识点（概念）的理解比较肤浅，思维单一，知其然而不知其所以然。如果出题者使用障眼法，把出过的题变换一下，孩子在做题时就会产生似曾相识的感觉，不再细辨其中的异同，自然会被虚假条件迷惑。究其原因，主要是不能灵活运用某些知识，做不到融会贯通。针对这种情况，要认真地复习巩固试题涉及的知识点及内容，多观察和了解日常生活现象，做操作题时多与理论相联系，多进行试题分析，这样可以有效地培养和训练思维的灵活性。

（二）模棱两可、似是而非的题

对于模棱两可、似是而非的错题，可以让孩子分析一下：是把公式弄混了，还是把公式用错了？是理解错了，还是记错了？

1. 对基础知识掌握得不扎实。如果出题者在题目中巧妙设置了隐含条件、限制条件和关键词语等，孩子往往容易出错，出错后孩子才恍然大悟，认为自己会做这道题，只是一时疏忽而已，实际上是因为对基础知识掌握得不扎实，对概念的理解模糊，自身的知识结构脉络不清，以致给出错误答案。加强对概念的理解，加强对基础知识的训练和巩固，多做典型题，才能杜绝这类错误。

2. 对概念和原理理解得不深、不透。如果孩子对概念和原理的理解过于肤浅，或记得不牢，或只知其一，不知其二，当问题交织在一起时，就容易分辨不清，导致答题时似是而非。如果问题越来越多，孩子就容易迷茫、不知所措，以至于越来越懈怠。

攻克这类问题的方法主要是加强对知识点的理解和记忆。

（三）会做却做错了的题

对于某些题，孩子原本会做，却不小心做错，出错后孩子常常以为下次注意就行了，就不会再犯这样的错误了，然而，结果往往事与愿违，孩子还会做错。所以，别轻易放过任何一个错误，一定要找出问题的根源，消灭这类错误。

1. 顾此失彼，一叶障目。如果考题涉及的知识点有些多，答题过程有点复杂，有些孩子的大脑就运转不过来，顾头不顾尾。这主要是因为孩子对典型题做得不够，做得不精，做过的题的难度系数比较低，对教材中的基本概念、基本原理理解得不深、不透。

2. 审题不细，急躁冒进。有些孩子在考试中还没看清楚条件就急忙解题，审题不够仔细，判断不够准确，这可能是因为孩子的考试策略不当或心态不稳，还可能是因为孩子受到了外界的干扰刺激。有些孩子在平时做题缺乏针对性，常常盲目做题，审题不够仔细、全面，做题急躁，没有在做完题之后进行反思、归纳和总结。

（四）考试策略不当

有时候孩子出错不是因为能力不够，而是因为心态不好。比如一遇到复杂一些的考题，孩子就心生恐惧，头脑发蒙，以致出现失误。有的孩子在做试卷面前分值较低的填空题或者选择题时，因为没有思路，花费的时间过多，导致没有时间做试卷后面分值较高的题，得不偿失。

1. 考场时间分配不合理。在考试中，不宜在分值低的题上花太多的时间，有舍才有得。倘若在分值低的题上耽搁太多的时间，就没有时间做分值高的题。有时候，分值高的题甚至比分值低的题简单，如果不舍得放弃分值低的题，就会因小失大。

2. 舌尖现象。有些孩子在做题时，明明答案就在嘴边，但是写不出来。这与孩子情绪紧张、心态失衡有关。在答题时，要想做到从容不迫、沉着冷静，就需要在平时加强训练。

3. 克拉克现象。克拉克现象是指优秀运动员在重大比赛中，不能正常表现出所具有的竞技能力，发挥失常的现象。有些孩子在考试时见到陌生的题或难题便心烦意乱，乱了方寸。这与孩子的心理应激反应有关。家长要引导孩子学会克服急躁心理，增强自信，消除烦躁不安、焦虑紧张的情绪，做到心平气和，情绪稳定。

4. 考前失眠。有些孩子在考场上无法集中精力，逻辑思维混乱，反应迟钝，计算失误。之所以出现这种情况，主要是因为孩子的压力过大，始终处于焦虑状态。要想改善这种情况，平时就要多调整心态，提高心理素质，做到从容不迫。此外，当处于焦虑状态时，孩子可以问一问自己："我为什么焦虑？""这种焦虑对结果有帮助吗？""有哪些方法可以缓解焦虑？"

（五）马虎粗心导致丢分

马虎出错导致丢分是一种普遍存在的现象。不少孩子这样安慰自己："这些题我都会做，就是因为粗心才没考好，否则至少能提高 20 多分。"常见的粗心或马虎行为主要分为以下几种：

1. 看错题。看错题主要与孩子的瞬时记忆有关。有的孩子视觉记忆能力差，看得快，大脑还没有完全消化、理解前面的信息，又接收了新的信息，导致把题看错。解决这一问题的方法：一是放慢看题速度；二是边读题边罗列已知条件，这样就不至于丢失或者看错题目的信息。

2. 抄错。有的孩子常常在把草稿纸上的正确答案抄到答卷上时抄错或抄漏，从而导致丢分。这种丢分很可惜。这种行为与人的视觉记忆能力有关，抄写包括记（看）和忆（写）两个过程。有些孩子可能没有看错题，但写错了，这是为什么呢？是因为孩子的视觉记忆出现偏差，而且孩子的视觉记忆能力差。解决这一问题的办法是进行大量的"默抄"训练，比如读完一句话之后，凭自己的记忆把这句话写下来，抄写的过程中不再看原文。刚开始也许只能抄写短句子，如果训练得多了，就可以把长句子一字不漏地抄下来。

3. 算错。孩子在计算时出错，主要反映出孩子平时做的练习少了，没有练出自动化答题技能，没有形成稳固的肌肉记忆方式。骑自行车时不会摔倒，靠的是肌肉记忆反应。在急刹车时，靠的也是肌肉记忆反应，如果等到大脑来指挥的话，车祸就已经发生了。肌肉记忆可以有效地减轻大脑的负担，让大脑去思考更加复杂的问题。有些孩子平时在草稿纸上演算时不注意保持整洁，写得乱七八糟，缺乏规范化的训练，很容易算错。

4. 写错（书写出错）。有些孩子写正负号、小数点、字、词、字母、符号时容易写错，比如，明明是大于号，却写成了小于号，这就需要孩子在心理上、在思想意识上对此重视起来，下笔时更仔细一些。另外，还可以采用双人训练的方法，一人快速念，一人快速写，加强肌肉记忆能力的训练。

5. 想错（判断错误）。出现这种错误的原因有两个：一个原因是孩子对知识掌握得不牢，混淆了相似的知识点，出现了判断失误。另一个原因是孩子存在思维惯性，没有注意到题目已经发生了改变，从而落入了出题人设下的陷阱中。

6. 跳步。有些学生在答题时没有把完整的答题步骤写出来，结果丢分了。这种丢分很可惜。孩子在答题时一定要符合规范，绝对不能省略答题步骤。

7. 没有完全按要求答题。这类错误与跳步答题的错误相似，不同之处在于这类题列出了明确的要求，如果孩子没有按照要求答题，扣分就在所难免。

孩子只有找准失误的原因，对症下药，才能改进自己的学习行为，有效地调整自己的学习状态。孩子只要通过对错题本中错误的类型进行分析，抓住主要问题，确立自己近期的学习目标，将错误逐一消灭掉，就能有效地提高成绩，提升自己的学习境界，培养自己的综合素质及能力。

第二节　神奇的思维导图

思维导图是风靡全世界的思维工具。它不仅被用于学习领域，还被广泛地应用于工作领域，很多公司都倡导员工使用思维导图。绘制思维导图的目的是锻炼一个人的理解能力、归纳能力、综合分析能力和反思能力，便于使用者将知识有条理、层次鲜明、系统地存放在大脑里，方便使用者对知识进行有效的识别、存储和提取，从而提高学习效率。

一、明珠暗投：被误读的思维导图

近些年，思维导图逐渐被大家熟知，有不少培训机构在做思维导图的相关培训。就我接触的孩子而言，我发现很多孩子都在培训机构得到过绘制思维导图的指导，一些孩子在绘制过程中，只体会到绘制思维导图的麻烦，并没有体会到它的好处。

我认为思维导图的核心功能是可以让绘图者在绘制过程中对要求背诵的学习材料进行思维深加工。孩子利用思维导图可以将知识凝练、概括，梳理出知识的层级结构，从而让学习材料变得清晰系统。更重要的是，利用思维导图，孩子可以进行自我反馈式学习。

（一）一起背书提问的学习方法

很多人在上学时都做过这样的小游戏，就是和同桌一起背书，一个人提问，另一个人回答。我发现这种简单的学习方法的效果非常不错。这个简单的游戏融合了反馈、尝试回忆等有效的学习方法。

在现实生活中，孩子并不能经常使用这种一起背书提问的学习方法，因为条件不允许。首先，每个人的需求不一样，有人喜欢这种学习方法，有人并不喜欢；其次，两个人的能力、水平并不一样，提问方需要对学习材料足够熟悉，还要善于发现问题，如果两个人水平不一，就会导致游戏中的两个人获益不平衡；最后，随着年级的升高，学习任务越来越繁重，能陪自己这样学习的人少之又少。利用思维导图，孩子可以进行自问自答，同样能起到背书提问的学习效果。

（二）像玩游戏一样学习——反馈式学习

学习有两种很高的境界，一种境界是像玩游戏一样学习，另一种境界是像老师一样学习。为什么孩子们一玩起游戏就欲罢不能呢？一个重要的原因是游戏能让游戏者获得成就感。游戏能让游戏者获得及时正向的反馈，这就是游戏受到追捧的重要原因。

你什么时候见过游戏骂过孩子、贬低过孩子？没有！即使孩子输了，游戏也会鼓励他："加油哦！"如果孩子赢了，游戏就会奖励积分、装备。这种及时的反馈让人怎么能不喜欢？孩子在学习中一般通过老师、作业和考试来得到反馈。有些家长在高期许之下会经常贬低孩子。家长的这种方式怎么能让孩子体验到快乐呢？

如果父母在陪伴孩子写作业时经常指责、批评孩子，对孩子的考试成绩抱有很高的期许，孩子就无法收获愉悦的体验。

反馈式学习是指以反馈为主导的学习方式，通过反馈式学习，学习者和反馈源形成反馈回路，不断来修正自己的认知偏差。在任何一次学习中，学习者都可以得到反馈，知道自己学会了什么知识，还有哪些知识没有学会，还需要在哪些地方进行提高。思维导图就具有这样的功能。也就是说，通过使用思维导图来进行反馈式学习，孩子在得到老师、作业、考试的反馈之前，就已经知道自己在哪些方面有优势，在哪些方面存在不足。

（三）像老师一样学习——把学习内容讲出来

记得我上研究生的时候，我的导师只教我一个学生。令我印象最深的是，那时候老师要求：每次上课都由我来讲课，他来听课。这样的上课方式是我以前从来都没有遇到过的，每次上课前我都需要认真备课，先把所讲的知识理解透彻，还要了解知识的来龙去脉，注重知识的前后联系。利用思维导图可以让孩子像老师一样学习，将知识条理化、系统化。

二、大脑使用说明书：思维导图

我认为思维导图和错题本如同学习的两驾马车，思维导图在学习上的作用远大于错题本的作用。错题本主要适用于复习阶段，而思维导图适用于预习、听课、记笔记、复习等阶段，甚至也适用于写作业阶段。

有人将思维导图称为大脑使用说明书，我认为这是一种非常形象的定义。思维导图又被称为脑图、心智地图、脑力激荡图、灵感触发图、概念地图、树状图、树枝图或思维地图等，是一种利用图像式思考辅助表达思维的工具。

在绘制思维导图时，通常先设定一个中央关键词，再用辐射线连接其他字词或关联项目，这种图解方式简单实用，直观清晰，学习效果非常好。

下图是一幅典型的思维导图，是依照一篇关于水果的说明文而绘制的。这篇关于水果的说明文近千字，文章列举了五种常见的水果，分别从三个角度对每种水果进行介绍。通过绘制思维导图，这篇文章的内容被浓缩成一幅图。

图 1.1　关于水果说明的思维导图

在进行学习辅导时，我常让同学们看思维导图，用两分钟的时间记忆，然后要求同学们凭着记忆将这幅图画出来。我并不要求同学们把思维导图画得多么漂亮，只要求尽可能地将图中的关键词写出来。有 90% 以上的同学的错误率低于 10%。也就是说，只要给他们两分钟的时间，他们中的绝大部分人就能将这幅图记得非常清楚。如果让这些同学背诵相应的文字材料，估计用的时间就会非常长了。之所以让同学们玩这种体验式的小游戏，是因为想让他们了解，思维导图的功能非常强大，能帮助他们在短时间内将一份学习材料记牢，前提是需要将学习材料转换成思维导图。

思维导图之所以拥有那么强大的功能，是因为它充分调动了人的左右脑。左脑像一位雄辩家，具有语言功能，善于逻辑分析，又像一位科学家，善于抽象思维和复杂计算，但有些刻板，缺少幽默和丰富的情感，所以它又被称为理性脑。右脑像一位艺术家，擅长非语言的形象思维和直觉，对音乐、美术、舞蹈等艺术活动有超常的感悟力，空间想象力极强，不善言辞，但充满想象力与创造力，感情丰富，幽默，有人情味，有人将右脑称为情绪脑。

当孩子小的时候，家长给孩子读绘本时，孩子常常盯着绘本中的图画看。也就是说，在没有学习文字、数学之前，孩子更习惯使用右脑。大人在陪孩子读绘本时，眼里都是文字，极少将目光放在图画上。

要想让孩子养成一个好的思维习惯，就要将孩子的左右脑都调动起来，融合两个脑区的优势。思维导图恰好能满足这样的要求。思维导图既包含图画，也包含文字，孩子在使用思维导图时，能够大大提高大脑的使用效率。

人脑对图像的加工记忆能力比对语言文字的加工能力强得多。比方说，有一天，孩子回到家对妈妈说："妈妈，今天我们班上来了一个新同学，特别奇怪！"然后，孩子为了证明自己对这个同学的评价，需要费很多的口舌，这样才能让妈妈觉得这个同学确实奇怪。孩子对这个同学的印象来源于孩子看到的生动形象，然而要想将这种印象表达出来，就需要使用非常多的语言文字。既然大脑对图像的加工记忆能力强，为什么不将文字学习材料转换成图文结合的思维导图呢?

思维导图突出了内容的层次感，但凡看过思维导图的人，看上一眼就知道它表达的中心意思是什么，包含几个层级，每个层级中又包含哪些内容。如果面对一篇文字稿，一个人如果不进行深入的阅读和剖析，很难在短时间内厘清文字稿的层次。

三、如何绘制思维导图

（一）绘制思维导图的一般步骤

1.精读需要绘制思维导图的学习材料。学习材料的内容可以是一本书，可以是书的一个章节，也可以是一个计划或者一个主题。

2.绘制思维导图的中心词。中心词可以是书名，例如"数学七上"代表数学七年级上册，也可以是一个主题，例如"我的家庭"。

3.找出并绘出一级分支。尽量用词汇表达，尽量简洁，如果能用词表达，就不要用词组；如果能用词组表达，就不用句子。

4.依序在一级分支的基础上绘制二级分支，要求同上。

从下图中可以看到，这幅思维导图的中心词为"My family"。一级分支的内容是家庭成员，分别有"father""mother""brother""myself"。二级分支的内容是家庭成员分别具有的特征。在绘制思维导图时，不必要求绘制的效果逼真，只要能够表达出绘制者心中想表达的意思就可以。采用粗细不一的连线、丰富的色彩等多种元素，有利于加深绘制者的印象，更有助于记忆。

图 1.2　关于 family 的思维导图

在针对学科绘制思维导图时，绘制者需要对各学科教材编写的脉络和特征有足够的了解，这样绘制起来就会特别轻松。就历史学科而言，历史教材的脉络一般是：历史背景、历史事件和经过、历史意义。以人民教育出版社的《历史》（七年级上册）中的《秦统一中国》为例，我们看看如何绘制历史课本的思维导图。

第九课　秦统一中国

秦灭六国

战国时期的连年战争，影响了经济发展和社会稳定，各诸侯国的人民希望结束战乱，过上安定的生活。秦国经过商鞅变法，实力超过东方六国，具备了统一六国的条件。秦王嬴政即位后，为灭亡六国进行了充分的准备。他招募各国的人才，委以重任，并及时听取建议，积极策划统一大计。

公元前230年，秦国发动强大的攻势，开始了统一六国的战争。秦国的军队势如破竹，先后攻灭韩、赵、魏、楚、燕、齐六国。公元前221年，秦国完成统一大业，建立秦朝，定都咸阳。

秦灭六国后，又北进南下，对边疆地区进行开拓和经营，管辖范围大为拓展。

秦的统一，结束了春秋战国以来长期争战混乱的局面，建立起我国历史上第一个统一的、多民族的封建国家。

确立中央集权制度

秦实现大一统后，原来各自为政的政治形态已不能适应新的社会发展。为加强对全国的统治，秦朝创立了大一统的中央集权制度。

国家的最高统治者称为皇帝，拥有至高无上的权威，总揽全国的一切军政大权。嬴政自称"始皇帝"，史称"秦始皇"。皇帝之下，设有中央政权机构，由丞相、太尉、御史大夫统领，分别掌管行政、军事和监察事务，最后的决断权由皇帝掌控。

在地方上，秦朝进一步废除西周以来实行的分封制，建立由中央直接管辖的郡县制。全国分为 36 郡，后增至 40 多郡，郡的行政长官称郡守；在郡下设县，县的长官称县令或县长。郡县的长官都由朝廷直接任免。县以下又设乡、亭、里等基层社会组织。这样，皇帝和朝廷就牢牢地控制了全国各地的权力，并把政治、法律、军事、土地及赋役等制度推向全国。郡县制的实行，开创了此后我国历代王朝地方行政的基本模式。

巩固统一的措施

为了适应国家统一的需要，秦始皇大力推行一系列巩固统一的措施。

战国时，七国的文字书写各异。秦始皇为消除文字上的差异，命丞相李斯等人统一文字，制定笔画规整的小篆，作为通用文字颁行全国。文字的统一，使政令能够在全国各地顺利推行，也使不同地域的人民能够顺畅沟通，有利于文化的交流与发展。

秦始皇下令废除六国的货币，以秦国的圆形方孔半两钱作为标准货币，在全国流通。这就改变了以往币制混乱的状况，有利于国家对经济的管理，促进各地经济的交流。

为改变以前各诸侯国使用的长度、容量和重量标准个一的状况，秦始皇规定以秦制为基础，统一度量衡制度，所有度量衡用器由国家统一监制。度量衡的统一，便利了经济的发展。

为加强各地的交通往来，秦始皇下令统一车辆和道路的宽窄，并修筑贯通全国的道路，使秦朝的陆路交通四通八达。

秦统一后，秦始皇派兵开凿灵渠，统一岭南及东南沿海地区。他又派大将蒙恬北击匈奴，并修筑长城。长城西起临洮，东到辽东，这就是举世闻名的"万里长城"。

秦朝的疆域，东至东海，西到陇西，北至长城一带，南达南海，是当时世界上的大国之一。

依据上面的这篇课文，我绘制的思维导图如图1.3所示。

在绘制这个思维导图时，我经常在思考："如果在考试中考查这个知识点，会怎么考？学生需要掌握的是哪些内容？"

在绘制思维导图时，切忌把每个细节都展现出来。思维导图的核心功能在于突出层次感和系统性。同时，在绘制时，不建议把知识点的答案写出来，最好用问题的形式来表达，这样就可以把思维导图看成是向自己提问的一位同学或者老师。

比方说，谁负责统一文字？李斯。通用的文字是什么？小篆。统一文字的意义是什么？意义是使政令能够在全国各地顺利推行，使不同地域的人民能够顺畅沟通，有利于文化的交流与发展。在绘制思维导图时，通过问题的形式将知识点列出来，对照列出的知识点来思考答案。如果孩子掌握了所有的知识点，考试时就能胸有成竹了。

在学习过程中，绘制思维导图并不是学习的终点，而只是学习的起点。很多孩子一看绘制思维导图的过程那么复杂，就有了畏难情绪。有的孩子绘制出了思维导图，却不知道怎么使用思维导图。久而久之，有些孩子放弃了这种学习方法，这是非常可惜的。

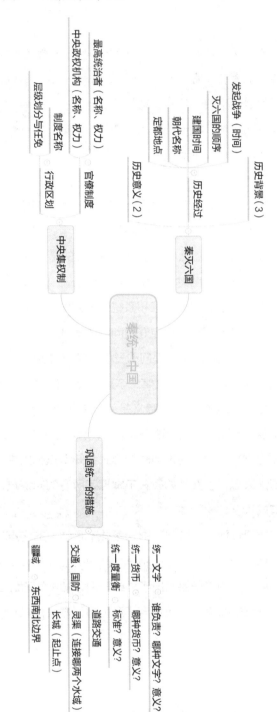

图 1.3 关于《秦统一中国》的思维导图

备注：括号中的数字代表包含知识点的数量。

思维导图的重要作用包括以下几个方面：

1.让学生对需要背诵的学习材料有了层次感、系统性。比方说，在图1.3中，学生能了解这一课包含三个部分的内容：秦灭六国、确立中央集权制度、巩固统一的措施等。每一个部分包括相应的内容，比方说，"巩固统一的措施"这部分包括统一文字、统一货币、统一度量衡、交通和国防、疆域等内容，层次非常清楚。

2.学生通过绘制思维导图，能让知识点浮现出来，便于学生利用思维导图自问自答。比方说，秦始皇统一中国的历史意义有两点，是哪两点？学生利用思维导图就可以不断地加深对知识点的记忆。

（二）思维导图的使用步骤

1.精读一遍要学习、背诵的材料。

2.绘制思维导图。

3.对照思维导图，尝试回忆材料内容，可重复回忆3~5遍，直到将材料内容记得滚瓜烂熟。参照艾宾浩斯遗忘曲线，应该在第一次记住后的3~5天进行复习，直到熟记为止。

4.再翻看课本，进一步掌握需要细化的内容。

（三）思维导图在学习中的应用

思维导图不仅适用于复习，还适用于预习、听课、记笔记和做作业。通过思维导图背诵一本历史书、地理书或政治书是非常容易的事情。

1.用思维导图预习功课。思维导图是一个强大的自学工具，在老师讲授课程之前，学生可以用思维导图来预习。在面对不同学科时，预习的方法和步骤是不一样的。所以，在预习某个学科的内容之前，学生需要了解该学科的特点和性质，这样在梳理知识体系时思路就会比较清晰。比方说，在历史教材中，一般首先介绍历史背景，其次介绍历史事件的经过，最后介绍历史意义。大部分章节内容的编排都遵循这样的顺序。

秦灭六国

战国时期的连年战争，影响了经济发展和社会稳定，各诸侯国的人民希望结束战乱，过上安定的生活。秦国经过商鞅变法，实力超过东方六国，具备了统一六国的条件。秦王嬴政即位后，为灭亡六国进行了充分的准备。他招募各国的人才，委以重任，并及时听取建议，积极策划统一大计。

公元前230年，秦国发动强大的攻势，开始了统一六国的战争。秦国的军队势如破竹，先后攻灭韩、赵、魏、楚、燕、齐六国。公元前221年，秦国完成统一大业，建立秦朝，定都咸阳。

秦灭六国后，又北进南下，对边疆地区进行开拓和经营，管辖范围大为拓展。

秦的统一，结束了春秋战国以来长期争战混乱的局面，建立起我国历史上第一个统一的、多民族的封建国家。

在上述的这部分内容中，第一个自然段讲述了"秦灭六国"这个事件的历史背景，包括人民的诉求、秦国的强大等内容，说明了秦国已具备统一六国的条件。

第二个自然段和第三个自然段详细介绍了秦国完成统一大业的经过。从公元前230年开始，秦国发起战争，先后灭了六国，实现了统一。这部分的重点内容包括秦国发起战争的时间、灭六国的顺序、统一六国的时间、朝代的名称，以及定都于何处等。

最后一个自然段讲述了秦国统一六国的历史意义，即"结束战乱"和"建立统一国家"等。

如果能将上述知识点梳理好，并一一掌握，这样的预习效果就非常好。

要注意的是，针对不同学科的知识，梳理的方法也不一样。针对语文、英语学科，学生首先要掌握字词，其次要掌握语法，再次要掌握重要的段落和句子，最后要把握中心思想和段落大意。对于语文和英语学科的思维导图，要从上述这几个方面来进行绘制。

针对数学、物理学科，学生首先要掌握公理、定理、定律、公式及其推导过程，其次要掌握这些公式、定理的运用。只要学生搞清楚各学科的学习重点，绘制思维导图就会变得很容易，使用思维导图的效率也能有所提高。

2. 用思维导图来听课、记笔记。听课的要点在于紧跟老师的思路走。如果学生在听课前用思维导图进行了预习，那么在听课时可以按照老师的讲课内容再绘制一幅思维导图。听课时绘制思维导图的目的在于，看看老师是否按照课本的脉络讲课，有没有增添新内容，有没有特别强调的内容，哪些内容是自己在预习时不太明白的，老师是怎么讲的，在老师的讲述过程中，有没有自己听得不明白的内容，如果有就标注出来，提醒自己课后向老师请教。

3. 用思维导图来高效复习。如果学生将预习时自己绘制的思维导图与听课时绘制的思维导图进行比较，就可以整理出一张新的思维导图，整理的过程就相当于进行一次简单的复习。重新整理出的思维导图包含了预习和听课两个环节的内容，学生可以将其作为这部分学习内容的最终版思维导图。将来在期中、期末前可以用尝试回忆的方式，将学过的内容记牢。如果还想记得更精准的话，就需要翻看课本，对照每一个知识点，细致复习每一部分的内容，尽量能用书面的语言回答图中所列的问题。

4. 用思维导图来完成作业。比方说，可以用思维导图来背诵课文。有一天晚上，时间已经很晚了，我家孩子还没有背会英语课文。我们让孩子先睡觉，等到第二天早上起来时再背诵。孩子第二天早上一起来，就着急地哭了，说："早上时间这么短，我怕背不出来！"我看了看他要背诵的内容：

Lingling usually gets up at 7 on Mondays.But she didn't get up at 7 yesterday.

She usually walks to school. But she didn't walk to school yesterday.

She usually has English at school. But she didn't have it yesterday.

Yesterday was National Day! Lingling watched TV and played with her toys.

我胸有成竹地对孩子说："来，爸爸教你利用思维导图来背诵这篇课文，爸爸保证让你很快就能背会！"于是我在客厅的小白板上绘好了思维导图。

我指着思维导图对孩子说."你看,这篇课文的内容很有规律。课文中的主语都是 Lingling，每一句话前半部分都用 usually 表达通常的行为，动词的时态都是一般现在时。用 yesterday 表达过去发生的事，动词的时态都是一般过去时。你只要记住了 Lingling 做了哪些事，就能背会这篇文章。"

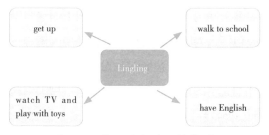

图 1.4　英语课文的思维导图

　　果不其然，孩子只用了几分钟就背会了这篇文章，然后马上破涕而笑！我经常用这个方法教孩子背诵语文课文，方法都是相通的。孩子也可以用思维导图写出写作思路，然后扩展开来，就能顺利完成一篇作文。

　　思维导图对回答考查发散性思维的题特别有用。比方说，在某初中直升考试的模拟面试中，主办方出了一道题：请分析一下MH370 客机的失事原因。

　　在面试过程中，不少孩子在面对这个考题时，只能说出一两个原因，当老师问还有什么其他原因时，不少学生非常茫然，只是重复了前面的说法。学生这样的应对方式肯定很难给考官留下好印象。我当时想，如果这些孩子会使用思维导图，就能很好地回答这个问题。

图 1.5　关于 MH370 失事原因的思维导图

孩子只要善于使用思维导图，就能绘出上面这张图。飞机失事的原因一般包括人为因素、机械因素和环境因素等三种。将人为因素进行细分，人为因素包括驾驶人员因素、空乘人员因素、乘客因素和外部人员因素等内容，还可以将机械因素和环境因素进行细分。如果像这样进行分析和回答，就会给老师留下好印象。

第三章

三方关系：亲子关系、师生关系和同学关系

【案例】一个极度叛逆的孩子逆袭成为学霸

这是一次非常奇特的辅导经历。在这个案例中，我做得并不多，主要是孩子的父母在调整、改变自己。结果却让人惊讶，一个极度叛逆的孩子竟然逆袭成为学霸！

异地求助

求助者来自青岛周边城市。孩子正在上初中，非常叛逆。孩子的成绩不错，但不用心学习。父母发现孩子经常和校外不务正业的社会小青年一起玩耍。

缺爱的孩子

在咨询中，我发现这个孩子非常聪慧，即便不怎么用心学习，成绩也能排在班级的中上游。孩子特别会学习，并不需要我在学习方法方面进行指导。孩子的问题是：在他小的时候，他被送到老家由老人抚养。老两口经常吵架，而且对孩子的要求很严格。孩子上小学之后回到妈妈身边。妈妈是一个女强人，面对孩子时免不了带有工作上的压力和情绪。妈妈在小学阶段对孩子的要求很严格，亲子关系比较差。孩子经常和朋友一起玩，不管是普通朋友还是男女朋友，都说明孩子缺乏心灵上的慰藉，说明家长对孩子缺乏感情上的关怀，孩子特别渴求他人的关怀。

我给父母做了家庭教育辅导，给他们提供了一些修复亲子关系的建议。

后来我向孩子的妈妈问起孩子的情况，没有想到的是，她说孩子现在特别好，成绩排在级部前十几名。我问她做了什么改变，她的话让我印象非常深刻。她说，现在孩子回到家后，她会放下手中所有的事情陪伴孩子，有时候一起去爬山，有时候一起去散步。她不再像以前那样在家里还考虑单位的工作，而是把陪伴孩子放在最重要的位置。孩子变得懂事了，愿意和她亲近了，有时候和她说起学校发生的事情，能说好几个小时。

本次辅导分析

这次的辅导效果不错，功劳并不在于我，而在于这位妈妈能够面对自己，不断地调整自己，不断地追求自我成长。常言道，关系胜过教育。如果亲子关系好了，孩子的表现自然就会变好。如果亲子关系不好，孩子就会有很多情绪问题。这个孩子缺的不是学习能力和学习方法，而是良好的亲子关系。一旦亲子关系得到改善，孩子自然就会变好。后来听说，孩子在中考时，在全校1000多名考生中名列第八。

如果一个孩子很聪明，有不错的学习方法，只是亲子关系紧张，那么建议父母好好看看下面这篇文章——《照照镜子，看看你属于哪种家长》。只要父母成长了，亲子关系改善了，孩子的成绩就会明显提高。

第一节　照照镜子，看看你属于哪种家长

在同一个班里，在同样的环境中，面对着同一个班主任、同样的任课老师、同样的教学方法，为什么孩子们的成绩会千差万别呢？差别就在于孩子不一样，不一样的孩子背后是不一样的家庭、不一样的教养方式。孩子是一面镜子，映照出家长不同的教养方式。为人父母者不妨照照镜子，看看自己究竟属于哪种家长。

一、孩子是一面镜子

【案例】高压之下的反抗

有一天早上，我刚到办公室门口，就听到办公室里的电话响了，我赶紧把门打开，接起了电话，只听电话那头传来一个女性的声音："你好！是理工大学刘老师吗？"

我说："我是。你是哪位？"

电话那头突然传来哭声，只听她边哭边说："救救我的孩子！"接着就是长时间的哭泣。

我轻声说："不急，你慢慢说。到底发生了什么事？"

她说："我是一个高一男孩的母亲。我的孩子不上学了！"

我说："你说说孩子的情况。"

她说："我的孩子原来是一个非常好的孩子，很听话，成绩优异，是直升进入重点高中的。最近孩子突然非常叛逆，已经好几天不上学了。"

这个孩子的确很优秀，想要直升进入重点高中，需要跻身初中级部前 10 名左右。成绩这么优秀的孩子怎么突然不愿学习了呢？

我说："你找过原因吗？究竟是什么原因让孩子不愿学习了？"

她说："以前我是一个非常强势的母亲，对孩子要求很高，总是逼迫着孩子学习。孩子以前很听话，从来没出过什么问题。最近孩子说受够我了，他决定不学习了。"

后来，这位母亲并没有带着孩子一起来咨询，我不知道孩子怎么样了。

这个母亲的行为具有一定的代表性，总是对孩子的学习要求很高，总是逼迫着孩子学习，用高压的方式约束孩子。这种教养方式一旦遇到了青春期叛逆的孩子，就容易失灵，因为孩子开始反抗了。

我常说，在孩子小的时候，可以用这样一句话来形容亲子关系："你虐孩子千百遍，孩子待你如初恋"。一个很重要的原因就是孩子非常弱小，必须依附父母才能存活下来。记得有一次和家长闲聊，有位妈妈说她家四岁的儿子懂事了，那天儿子对她说："妈妈，不管你怎么打我，我都爱你！"这位家长不明白，孩子现在之所以这么说，是因为孩子小，无论家长怎么打他，他都得忍受着。等孩子大了，不要说打了，有时候只要家长说："你给我滚！"孩子立马走人，留家长一个人在风中凌乱。

反过来说，当孩子小的时候，家长怎么赶他都赶不走。我们想象一下：对于一个三岁左右的孩子，假如有一天，他调皮捣蛋，不听话，家长吓唬孩子，假装要把孩子往门外推，说他这么调皮，妈妈不要他了！大家认为孩子会走吗？肯定不会，孩子会被吓坏了，有些孩子还会抱住妈妈的大腿。此刻，孩子妥协了，并不代表家长的教养方式是对的。记得有一次，我在电台做节目，有位妈妈打来电话，说她以前就是这样对待孩子的。她边哭边说，自从那天她这样对待孩子开始，孩子每天半夜里都说梦话，一直哭着喊："妈妈，你别不要我。"她说她后悔死了！

由于有些父母在无知无畏中，用不恰当的方式把孩子弄得伤痕累累，因此有些孩子在青春期表现得非常叛逆。孩子长大了，对父母的依附感弱了，独立意识强了，如果父母还是沿用以往不当的教养方式，自然就会引发孩子的强烈抵抗。

二、如何养育婴儿

对于如何养育婴儿的话题，很多心理学研究结论都非常一致：父母应该经常跟婴儿说话，设法激发他的好奇心。父母这样的行为不仅有利于孩子建立安全型的情感依恋，还能激发孩子探索的欲望，促进其社会性及智力的发展。如果父母双方都很慈爱且反应敏锐，能在教养方式上达成一致，并且彼此支持，就会对孩子非常有益。杰·贝尔斯基指出，在婴儿期，父母的慈爱程度和敏感程度是婴儿养育中两个重要的影响因素。在这个重要的发展期，父母高质量的养育不仅能促进婴儿心理的健康发展，还为婴儿未来的生活奠定了基础。

上面这段话摘自美国佐治亚大学心理学教授戴维·谢弗所著的《社会性与人格发展》。书中强调，对于0~1岁的孩子，养育者（主要是父母）需要有足够的敏感性去察觉孩子的需要，并给予及时准确的回应，而且要经常与孩子进行亲密、同频的互动。

家长需要注意的是，上述内容的适用对象是0~1岁的孩子。教育孩子千万不能教条化，一定要关注两个条件：一个是孩子的天性，另一个是孩子的年龄阶段。

记得有一次讲座之后，有位家长向我咨询孩子的问题，说孩子容易退缩，从来不敢提要求，自主性差。在一番探讨后，我发现这位家长误读了一些心理学知识。她曾经读过那个关于延迟满足的心理学经典实验，可是她没有注意到那个实验的对象是 4 岁左右的孩子。结果这位妈妈在孩子刚出生的时候，就教条地套用延迟满足的方式对待孩子，一直到孩子长大都是这样，在任何时候都不满足孩子，要求孩子学会等待。久而久之，孩子发现无论自己有什么诉求，都得不到满足，就开始退缩，从来不提要求，因为提也没有用，就干脆不提。

在 0~1 岁，虽然孩子什么也不会，但母亲依然需要不断地和孩子说话，如"嗯""啊""笑一个""我家宝宝乖"等，逗弄孩子，发现孩子累了，就不必再逗孩子。当孩子高兴了，露出笑容和发出声音时，母亲就需要做出积极的回应。这样的亲子互动有利于孩子情感和社会性的发展。在养育 0~1 岁的孩子时，有些父母看到孩子不哭不闹，就把孩子放在一边，几乎不和孩子玩耍互动，这样的做法是非常错误的。现在患孤独症的孩子越来越多，是不是后天的抚养缺陷加剧了这种情况的出现？当父母的心被手机、游戏占据的时候，父母还有多少时间用于投入地陪伴孩子？

三、你属于哪种家长

一些心理学家指出，从儿童期到青少年期，父母教养方式的两个维度都是非常重要的：父母对孩子的接纳和反应程度、父母对孩子的要求和控制程度。

接纳和反应程度是指父母所表现出的对孩子支持、关爱的程度。接纳和反应程度较高的父母经常对孩子微笑，经常赞赏、鼓励孩子，会表达疼爱，当孩子犯错时，他们的态度会相当严厉。
相反，接纳和反应程度较低的父母经常批评、贬损、惩罚或忽视
孩子，他们很少与自己的孩子进行交流。

要求和控制程度是指父母对孩子管束、监控的程度。要求和
控制程度高的父母会限制孩子的表达自由，会对孩子提出很多要
求，并主动检查孩子的行为，以确保这些规则得到了执行。而要
求和控制程度较低的父母对孩子的限制很少，很少对孩子提要求，
在孩子的兴趣、爱好和自主决策方面，给孩子相当大的自由。

（一）教养方式的不同种类

根据父母教养方式的两个维度，可将父母的教养方式分为以
下四种类型，如下表所示。

表 1.2　父母的四种教养方式

		接纳和反应程度	
		高	低
要求和控制程度	高	权威型 要求合理恰当， 执行始终如一， 对孩子的反应敏感	专制型 规则、要求繁多， 却很少做出解释， 对孩子的需求、观点不敏感
	低	放任型 规则、要求很少， 对孩子过于纵容， 给他们过多的自由	冷漠型 规则、要求很少 对孩子的需求漠不关心

1. 权威型教养方式

权威型教养方式的特点是对孩子高要求、高接纳。这类父母通常会对孩子提出许多合理的要求。他们会认真地向孩子说明为什么要孩子服从他们所设定的限制，并确保孩子遵守这些规则。不过，与采取专制型教养方式的父母相比，采取权威型教养方式的父母更容易接纳孩子的观点，对孩子的反应更为敏感，而且孩子能够参与家庭决策。可见，采取权威型教养方式的父母对孩子施加控制的方式是理智、民主的，而非严厉、专制的，他们赏识并尊重孩子的观点。

2. 专制型教养方式

专制型教养方式的特点是对孩子高要求、低接纳，这类父母会对孩子设定很多规则，要求孩子严格遵守，很少向孩子解释为什么必须遵从这些规则，而且经常使用惩罚、强制措施，以获得孩子的顺从。采取专制型教养方式的父母对孩子所持有的与自己相左的观点不敏感，而且期望孩子把父母的话奉为金科玉律，要求孩子尊重父母的权威。

3. 放纵型教养方式

放纵型教养方式的特点是对孩子高接纳、低要求，采取放纵型教养方式的父母很少对孩子提要求，允许孩子自由表达自己的感受和欲望，不会密切监控孩子的活动，对孩子的行为很少进行严格的控制。

4. 冷漠型教养方式

冷漠型教养方式的特点是对孩子低接纳、低要求。这类父母要么拒绝孩子的要求，要么整日被自己的工作或生活压力所困扰，没有时间或精力照顾孩子。

（二）不同教养方式对孩子的影响

1. 权威型教养方式的影响

一般来说，在权威型教养方式下成长起来的孩子会发展得比较好。这类孩子快乐，有社会责任感，有成就导向，乐于跟他人合作，自尊心强，学习成绩优异。为什么权威型教养方式和良好的社会性、情绪及智力发展结果有稳定的联系呢？可能有多种原因。

首先，权威型父母的态度非常和蔼，愿意接纳孩子，他们所传达的充满爱心的关切会促使孩子听父母的话。而面对冷淡而专制的父母，孩子往往不会这么做。

其次，专制型父母会给孩子设定非常死板的标准，并且支配孩子，孩子表达自己观点的机会非常少。权威型父母会用理性的方式对孩子施加控制，向孩子认真地解释自己的想法，同时会考虑孩子的想法。充满关爱、愿意接纳孩子的父母采用公平合理而非武断蛮横的方式要求孩子，能诱发孩子自觉服从，而不是抱怨或者反抗。

最后，权威型父母会根据孩子的能力细心地提出要求，规范孩子的行为。他们设定的目标都是孩子能做到的，同时会给孩子一定的自由或自主权，由孩子来判断怎样才能顺利实现这些目标。很显然，孩子需要父母的限制，需要父母用一套规则帮助孩子规范和评价自己的行为。如果没有父母的这种引导，孩子容易变得难以自控，或变得自私，缺乏明确的目标。当父母对孩子很冷淡或漠不关心时更是如此。但是如果父母对孩子进行过多的管控，用刻板的限制束缚孩子的手脚，孩子就很难独立，还可能对自己的决策能力缺乏信心。

2.专制型教养方式的影响

专制型教养方式很常见，"狼爸""虎妈"就属于典型的专制型父母。"狼爸"名为萧百佑，自称"中国狼爸"，用"打"的教育方式，将四个孩子送进北大。他结合自己的理解，融合传统的教育方式，创造出一套别具一格的"萧氏教育理论"。他在倡导"快乐教育"的今天，常备藤条和鸡毛掸子，严格教育孩子。

在聚焦这一现象的时候，有些家长看到了在这种教养方式下孩子考上了名牌大学的结果，就简单地认为这种教养方式非常好。但是，教养的成功并不在于考上好学校，而在于孩子人格的健全和人生的幸福。更何况，这位"狼爸"在教育孩子时也许并非始终冷酷无情，或许在威严的同时，会温柔地对待孩子。如果是这样，"狼爸"也许属于权威型父母。没有以爱和温暖做基础的打骂教育，其本质是对孩子赤裸裸的虐待。

在专制型教养方式下成长起来的儿童容易焦虑、退缩和不快乐。在与同伴的交往中遇到挫折时，他们易产生敌对心理。在青少年时期，与在权威型教养方式下成长起来的儿童相比，在专制型教养方式下成长起来的儿童自我调节能力和适应性更差，而与在放任型教养方式下成长起来的孩子相比，他们又更为顺从。有时他们在学校里的学习表现比在放任型和冷漠型教养方式下成长起来的儿童好，而且在校期间的反社会行为更少。但是在专制型教养方式下成长起来的孩子很容易压抑自己，被动攻击父母。正应了一句话：听话的孩子最受伤！

【案例】一个饱受虐待的女孩

有一天，我做义工，接听心理热线。有一个 28 岁的女孩打来电话。（以下"师"代表我，"她"代表女孩）

她：老师，您好。如果遇到家暴该怎么办？

师：你可以注意收集证据，如果真的过不下去了，你就提出离婚诉讼。咱惹不起还躲不起吗？

她：不是这样的。这个关系是摆脱不了的，那是我父母。

师：啊？你已经这么大了，你的父母还打你吗？

她：是的。自从我工作以来，只要我不把钱都给他们，他们就打我。我从小就被他们打。直到前几年，我才知道这世上有不挨打的孩子。

师：不会吧？你的父母难道没有兄弟姐妹，他们难道没有孩子？你怎么会最近才知道有不挨打的孩子？

她：我妈妈没有兄弟姐妹，我爸有弟弟妹妹，可是我爸把他们打怕了，他们之间没有来往。只记得有一次，我们在爷爷家聚会，我叔叔把我爷爷打了，我爸就狠狠地揍了我叔叔一顿。我现在特别想找到一份工作，最好是能提供住宿的工作，我就可以离开这个家了。

师：那你就去找找看呗！

她：可是真的很难。从小在家时，我不知道因为什么就会挨一顿揍。后来，我就不说话，尽量少挨揍。可是，上班以后，我发现我总是和同事处不好关系，我不善于说话，而且一发生冲突，我就喜欢打人。所以，我没有一次能度过实习期。我发现，我只适合一份工作，就是做接线员。

师：那你就试着去找找看。

她：不可能了。我前一阵子在下班路上出了车祸。当时，我想打电话找交警。可是，司机有点凶地对我说："你不相信我？我一定会把你送到医院，把你治好。"他当时那么凶，让我想起我的父亲，我害怕了，就没有报警。可是，到了医院，刚挂上号，他就偷偷地溜了。我现在想告他都没有证据。

…………

父母在管教孩子的时候，尤其是当孩子出现一些触碰底线的行为时，比如欺骗、拿父母的钱、打架、抽烟、喝酒等，父母可以严厉对待，甚至可以对孩子适度惩戒，但不能将这种教养方式应用于日常生活，不能让打骂变成家常便饭。

为什么美国的法律规定，一旦父母被发现虐待孩子，父母对子女的监护权就会被剥夺？原因就是，大量研究表明，被虐待的孩子易产生心理创伤。上面这个个案当然是非常极端的，但是可以从中看到，这个女孩很容易将在家庭中建立的关系模式复制到人际关系中去。她与同事、肇事司机的关系就是家庭关系模式的翻版，这导致她无法处理和应对人际关系，影响了她的工作和生活。

3. 放纵型教养方式的影响

父母不宜采用放纵型教养方式。这种教养方式和溺爱比较相像。目前这种教养方式的比例正在逐渐增大，原因有三个：第一个原因是如今很多家庭只有一个孩子。这种倒金字塔形的家庭结构容易导致父母、祖辈对孩子溺爱。第二个原因是改革开放以来，大部分家庭的物质条件越来越好，生活水平日益提高，而一些从物质条件相对匮乏的年代成长起来的父母，对孩子有补偿心理，对孩了·有求必应，不愿意让孩子吃苦。第三个原因是受西方思想的影响，崇尚自由，崇尚民主，崇尚顺应天性发展。不少家庭由专制型的家庭教养方式转变成宠溺孩子的放纵型教养方式，矫枉过正。

在放纵型教养方式下长大的儿童大多很不成熟，任性蛮横，容易冲动，往往具有较强的攻击性，缺乏责任感，合作性差，很少为别人考虑，对父母和长辈没有起码的尊重。研究表明，在放纵型养育方式下成长起来的孩子，在儿童期社会认知能力低下，在青少年期自控能力低下，学习成绩较差，相比于在权威型或专制型教养方式下成长起来的孩子，更容易出现吸毒行为。吸毒行为体现了这类孩子缺乏自制力、任性的特点。

在找我咨询的孩子中，这样的孩子不胜枚举。有些孩子欲壑难填，但凡要什么东西，只要父母不给，孩子就以死相逼。更令人匪夷所思的是，有个十多岁的女孩，有一次父母没有答应她的要求，她竟然对父母说："你们要是不答应，我就去卖淫。"到了这个地步，父母只好乖乖就范。

我在观看《爱情保卫战》这一综艺节目时，经常看到一些"野蛮女友"，身患"公主病"，飞扬跋扈，恣意妄为。在大街上，这样的女孩让男朋友下跪，而且扇男朋友耳光，到了男友家里，一言不合就和男友的父母吵起来。我常常想：谁敢娶这样的女孩？哪个男孩能像女孩的父母那样伺候这样的奇女了？如果没有，放纵型养育方式就必然会影响孩子未来的幸福。父母这样教育孩子不是害了孩子一辈子吗？

在学习上，在放纵型教养方式下长大的孩子没有起码的责任感，一遇到困难就打退堂鼓，总是能找到各种理由不去上学。

4. 冷漠型教养方式的影响

冷漠型教养方式容易出现在忙于生计的家庭里，偶尔会出现在忙于做生意的家庭里。在这种教养方式下成长起来的儿童与在放纵型教养方式下成长起来的儿童一样，具有较强的攻击性，很少替别人考虑，对他人缺乏热情与关心，在青少年时期更有可能出现不良行为。

（三）钟摆式教育的隐患不容忽视

在实际生活中，家庭教养方式更为复杂。先说说一些较为普遍的教养误区。

误区一：溺爱孩子

溺爱孩子的现象目前依然存在，一个孩子的背后通常有六个大人。孩子成为家庭的焦点，全家人都围绕着小孩转，溺爱就在所难免了。被溺爱的孩子得到的关注非常多，而且家长对他们基本上有求必应。老人尤其见不得孩子的哭闹，但凡孩子因为欲求没有得到满足而哭闹，很多老人就会立马满足孩子的欲求。长此以往，孩子就会变得任性，不能接受延迟满足，没有规则意识，不愿守规矩。等到孩子大了，家长再想让孩子听话就很难了。

误区二：在学业上对孩子过度施压

学校教育的基本目标是培养符合社会需要的合格的社会人。所以说，孩子接受教育的首要目标是成人，其次才是成才。

目前我国实行九年制义务教育，也就是说孩子需要接受九年的教育，才能满足社会生活和工作岗位的基本需要。随着社会的变迁，或许在不久的将来，九年制义务教育将无法满足社会发展的需要。就像我这个年代的人，小的时候学习打算盘，没有想到后来有了计算器；初中时，我还帮老师刻钢板出试题，没有想到后来有了电脑、打印机、复印机；当了老师之后，我努力地讲好课，没想到通过互联网就能获取世界顶级大学的课程和资源。

现如今，对世界公民的要求是具备终生学习的能力。在这样的社会背景下，孩子具备持续学习的热情和学习能力才是根本，持续学习的背后是不会衰减的学习热情。但是，很多父母总是过度强调学习的重要性，不断给孩子施压。未曾想，过度施压的结果是适得其反，很多孩子出现厌学的情绪，甚至影响身心健康。生活上的溺爱、学业上的高压构成了诸多家庭钟摆式的家庭教养方式。溺爱导致孩子规则意识和责任意识的缺失，而学习又恰恰需要孩子有自我控制的能力和责任感，所以这种钟摆式教育容易影响孩子学业的发展。

（四）隔代教育需要重视

如今大部分"80后""90后"都是独生子女，他们组建家庭，有了下一代之后，他们的父母参与子女家庭生活、帮着他们带孩子的现象非常普遍。

据调查显示，在我国城镇有近五成的孩子跟着爷爷奶奶或外公外婆长大，孩子的年龄越小，与祖辈在一起生活的比例就越高。在外出打工人口多的地区还存在着大量的留守儿童，而绝大部分留守儿童都是由老人抚养。

如何看待中国的隔代教育？从长远来看，隔代教育弊大于利，但不能全盘否定隔代教育。作为一种客观存在的家庭教育方式，隔代教育对孩子的个性发展有着极大的影响。所以，我们应该清楚地认识到隔代教育的利与弊，在发挥其教育优势的同时，认真克服种种负面影响，使孩子现有的家庭教育状况得以改进，让孩子快乐、健康地成长。

1. 隔代教育的优势

（1）老人具有较为丰富的育儿经验，能弥补晚辈育儿经验的不足，而且经过岁月的沉淀，老人的性子不是那么急，时间充足。

（2）由于血缘关系，老人会本能地对孙辈产生慈爱之心，这有利于孙辈获得心理上的支持和情感上的慰藉。

（3）都说老人是"老小孩"，多数老人具有童心，特别喜欢和小孩玩，能与小孩形成融洽的关系，这为教育孩子创造了良好的机会和条件。

（4）老人具有丰富的生活知识和人生阅历。

2. 隔代教育的不足

（1）容易溺爱孙辈。多数老人常有一种补偿心理，他们年轻时因为生活条件和工作的限制，没有给予子女很好的照顾，所以想把更多的爱给予孙辈。这种想法往往导致"隔代惯"现象的产生。老人对孙辈过度疼爱，处处迁就孩子，容易造成孩子任性、依赖性强和生活自理能力低下等情况。还有一些老人因过度疼爱孩子而"护短"，致使孩子的不良行为长期得不到矫正。

（2）观念陈旧，方式落后。许多老人仍用老观点养育孩子，比方说，有些老人喜欢将食物咀嚼之后喂给孩子；有些老人总认为孩子应该多吃，结果把孩子喂成了小胖墩；有些老人喜欢追着喂孩子；有些老人还用陈旧、不科学的经验指导年轻人带孩子，比方说，生硬地断奶，让孩子和母亲分离；有些老人怕孩子哭，总是让妈妈偷偷地离开；有些老人希望孩子听话，不鼓励孩子探索周围的世界。

（3）造成孩子与父母的感情隔阂。有些老人过度替代父母，导致孩子不能对父母产生依恋，与父母的感情疏离，使得父母难以对孩子进行正常、必要的教育。老人对孙辈的溺爱，会让孩子很难接受父母的严格要求和批评，容易使孩子与父母形成感情隔阂和情绪对立，父母在孩子面前缺乏足够的权威，难以对孩子施加影响。

（4）隔代教育对孩子的个性发展有着极大的影响。孩子是家庭的一面镜子，老人受到诸多因素的限制，在养育孙辈时重于养疏于教。因此，年轻父母不管多么忙，都要抽出时间陪伴孩子。父母把孩子的教育权、抚养权完全交给老人，是对孩子不负责任的表现。

有一项资料显示，在失足少年中，有60%以上与隔代教育不当有关。有不少问题少年从小是由老人带大的。在研究青少年网络成瘾综合征时，人们发现该情况在有隔代教育和有家庭暴力的家庭中的发生率较高。

经过这些年的咨询辅导，我发现，即便老人照看质量高，无明显的教育误区，也会造成孩子与父母的感情隔阂。因为孩子在早年没有与父母建立依恋关系，长大后回到父母身边时，父母无法建立权威，从而无法对孩子施加影响。因为孩子和老人关系亲密，一旦老人去世得早，就容易对孩子造成很大的打击。

在隔代教育中，有一种较为麻烦的情况，老人的教育方式是错误的，但是老人非常强势，对小家庭的介入过多，干预年轻父母教育孩子，年轻父母惧怕老人，在教育孩子时充满无力感。

（五）父母教育观念不一致

在教育孩子时，父母双方的教育观念最好保持一致，而且理想的状态是父母双方的教育观念是科学的、正确的。假如父母的教育观念一致，但是观念不对，比如溺爱孩子、过于严格、放任不管等，那么在这种家庭环境中成长起来的孩子容易出问题。

当然，即便是在同一种环境中成长起来的孩子，孩子的天性不一样，受影响的程度也不一样。比方说，性格内敛、易退缩的孩子如果在充满溺爱的环境中成长，那么长大以后，容易缺乏独立性，变得自卑，还有可能出现心理问题，甚至容易成为啃老族。如果孩子天性外向、好动、执拗，在充满溺爱的环境中成长，则容易变得任性、无法无天，如果父母稍不满足孩子的愿望，孩子就不依不饶，容易出现行为问题，严重者可能会违法乱纪。

很多父母在家庭教育中喜欢"一个唱红脸，一个唱白脸"，这源自中国传统戏剧。在中国传统戏剧中，一般把忠臣扮成红脸，把奸臣或坏人扮成白脸。后来人们就用红脸代表好人，用白脸代表坏人，"一个唱红脸，一个唱白脸"比喻在解决矛盾冲突的过程中，一个人充当友善或令人喜爱的角色，另一个人充当严厉或令人讨厌的角色。

如果唱白脸的一方采用高压、严格的教养方式，唱红脸的一方采用溺爱的教养方式，就说明父母双方的教育观念不一致，这样对孩子不但没有帮助，而且有害，其实际效果就如同钟摆式的家庭教育模式。

在传统文化中，我认为"严父慈母"的角色定位更为精妙。"严父"代表着高要求、高控制，"慈母"代表着高接纳、高反应性。如果夫妻双方相敬如宾、举案齐眉，那就意味着夫妻的教育观念一致，即便父亲忙于工作，参与孩子的教育较少，和孩子的互动较少，与孩子的情感联结不如母亲，但是母亲可以通过相夫教子来维持父亲在孩子心目中的地位。融合了"严父"和"慈母"的传统家庭恰好在一定程度上与权威型教养方式相契合。也就是说，"严父""慈母"的角色组合必须在父母关系融洽的前提下才能发挥作用。

在实际的家庭教育环境中，由于父母双方来自不同的原生家庭，有着不一样的成长背景和经历，因此可能在教育观念、态度、行为方面不一致。对孩子影响更大的是在家庭教育中占主导作用的那一方，或是在抚育孩子的过程中，陪伴孩子时间更多的那一方。

如果父母中主导方的教育观念是科学正确的，采用高接纳、高要求的权威型教养方式，孩子通常就会成长得比较好。如果主导方的教育观念有偏差，比如高要求、低接纳或宠溺，而另一方的教育观念是科学正确的，则能起到一定的缓冲作用。从这个角度来看，父母持续学习的意义在于，经过学习，父母可以摆脱原生家庭的影响，实现个人成长，从而使双方的理念都向科学的家庭教育理念靠拢，这将有利于孩子的成长。

第二节　上学热情高是一种境界

记得我上小学时，我的学生手册上的评语总有这样一句话："上学热情高。"我以前对这句话没有什么感觉，现在长大了，我仔细体会这句话，觉得"上学热情高"是一种境界。拥有这种热情的孩子，一定深深地爱着"上学"这件事，学校里的老师和同学都能让孩子觉得亲切。

上学热情高不高，在很大程度上取决于师生关系和同学关系好不好。如果没有爱，教育就无从谈起；如果没有友谊，孩子就会很孤独。只有师生关系、同学关系变好了，孩子才有可能对上学有极大的热情。一旦孩子对上学没有热情了，追求好的学习成绩就如同纸上谈兵、水中捞月。

一、如果没有爱，教育就无从谈起

【资料】寻找我的小学老师

中央电视台有一档节目叫《等着我》，这是一档帮助嘉宾找人的节目。记得在一期节目中，有一位六十多岁的大爷来寻找他的小学老师。

主持人倪萍半开玩笑地说："你为什么不早一点去找？为什么现在才去找？"

大爷说："我一直在找，只是我们那时候没有通信工具，不好找。最近看到你们的这档节目，才想起找你们帮忙。"

倪萍说："这位老师教了你多久？他对你做了什么事，让你如此念念不忘，过去几十年了还一直在寻找？"

大爷说："老师教了我一年半，时间不算长，但是老师对我特别好。记得那时候，我是一个特别淘气的孩子。我们教室后面墙的最顶端画了一架飞机，在飞机下面画了火车，在火车下面画了汽车，在汽车下面画了轮船，在最低端画了一头猪。成绩最好的孩子的名字被记在飞机上，成绩中等的孩子的名字被记在汽车上。我的名字一直被记在那头猪的屁股上。很多老师放弃了我。

只有这位老师，在接手我们班后，不放弃任何一个孩子，对我特别好。记得老师经常让我去他家吃饭。有一次在吃饭前，老师拿出一面镜子给我照，我看到镜子里的我脏兮兮的，顿时红了脸。老师摸着我的头，亲切地说：'不要紧！来，老师给你洗把脸！'洗完脸，老师又拿出镜子给我照，看到自己干干净净的脸庞，我笑了。老师说：'来，我们吃饭吧！'就这样，因为老师待我好，所以我觉得不能再这样顽皮下去了，不能给老师丢脸。我开始认真学习，虽然我的名字没有被记在飞机上，但被记在了汽车上，每门功课都考了八十多分。"

大爷接着说："可惜这位老师只教了我一年半，后来他被调走了。记得老师刚走的那个学期，我每天都早早来到校门口，每天都在校门口眺望，希望老师能回来。后来每当开学时，我都会在学校门口眺望，希望老师能回来。可是，老师再也没有回来。"

说到这里，大爷的眼里已经噙满了泪花。

简单来说，师生关系是指教师和学生在教育教学过程中结成的相互关系。师生关系是教育活动中最重要、最基本的关系，直接决定了教育活动的质量。我国学者冷冉、张娜琴认为：师生关系既是一种特殊的社会关系，又是一种特定的"心理交流"的关系。前者是指师生的伦理关系，是靠社会道德观念与道德规范来维持的，是社会道德风尚的重要组成部分；后者是指在教育和教学的实践过程中，师生间相互的认知、感情、依赖状态等，通常后者对教育效果起决定性作用。

古今中外，智者贤人都曾强调过爱在教育过程中的作用。陶行知曾经说过："爱是一种伟大的力量，没有爱就没有教育！"

罗素说："凡是教师缺乏爱的地方，无论是品格还是智慧都不能充分地或者自由地发展。"从上面的故事中我们能够看到，一个心中有爱的老师是如何培养一个孩子的。孩子每天到校门口眺望，说明孩子在老师爱的沐浴下，也产生了对老师的爱。这种爱是相互的，是师生关系的理想状态。

人的一生都不是一帆风顺的，每个人都有可能遭遇挫折、创伤。最有可能把你从过去的成长阴影中带出来的人就是老师或配偶。遇到一位良师是一件很幸运的事。

每一位老师都是一个活生生的个体，具有特定的成长经历和性格脾气，都会受到原生家庭的影响。如果老师曾遭遇过创伤，就有可能影响学生。虽然从认知上，老师知道如何建立新型的师生关系，可是，人向来知易行难，知道并不代表能做到。如果老师的人格健全，充满爱心，他的学生就会受益无穷。

社会大环境在不断变化，人在其中，必会受其影响。如今，师生关系发生了以下几种变化：

1. 师生关系被商业化。有些学生对老师的尊重程度有所降低。在市场经济中，人们容易将各种关系视为交易关系。有人将老师看成是提供知识服务的人，而将学生看成是购买知识服务的人。这种简单的想法让学生降低了对老师的尊重程度。有些家长和学生对老师吹毛求疵，百般挑剔，颇有一种我是"顾客"，我就是"上帝"的感觉。

2. 在知识爆炸的时代，学生获取知识的渠道越来越多，导致学生对老师的尊敬程度有所降低。在互联网、移动电子设备出现之前，知识的获取基本来源于书本和长者口口相传的经验。进入互联网时代，知识铺天盖地，由学者、老师垄断知识的时代正在崩塌，每一个人都可以从各种渠道获取知识。现如今搜索引擎是一些孩子遇到问题时的第一选择。

3. 老师和学生之间的情感联结少了。关系胜于教育。如果老师和学生的感情很深，老师就能发挥影响力。哲学家雅斯贝尔斯说："真正的教育是用一棵树去摇动另一棵树，用一朵云去推动另一朵云，用一个灵魂去唤醒另一个灵魂。"

孩子能遇到好老师是人生的一大幸事。倘若不能，父母就要给孩子遮风挡雨，让孩子免于受伤害。

父母在处理老师和孩子的关系时应遵循一个重要法则：做老师和孩子的"月老"。所谓"月老"，就是让老师和孩子相互喜欢、有好感。在给两个人介绍对象时，我们会在两个人面前多说对方的好话。比方说，我们对男孩说，那天女孩对他的印象可好了！反之亦然。同样，面对师生关系，明智的家长会做老师和孩子的"月老"，让孩子喜欢老师，让老师喜欢孩子。有些家长口不择言，总是在孩子面前数落老师的种种不是，这样孩子是不可能欣赏和尊重老师的。如果孩子对老师有太多负面的评价，孩子就无法喜欢老师。亲其师才能信其道，一旦孩子不喜欢老师，孩子的学习就很难好起来。

说到这里，自然会涉及"度"的问题。假设老师的品行有问题，甚至经常用语言或者行为伤害孩子，在这个时候，父母就不应该做"月老"了。这种情况虽然比较少见，但是一旦发生，父母又处理不当，就会对孩子造成很大的伤害，这些伤害极有可能给孩子造成一生的阴影。在这个时候，父母就要学会"护犊子"，"护"并不是溺爱，也不是助长孩子的坏毛病，而是让孩子免于受伤害。

就在前一阵，有一位家长给我打电话求助。孩子以前成绩非常优秀，经常名列级部前五，而现在他已经好几天不上学了。事情的原因是老师在课余时间有偿补课，不知道被哪位同学告发了。老师误以为是这个孩子告发的，所以在大庭广众之下，很严厉地训斥了孩子。孩子的心中充满委屈和愤怒，回到家后就躺在床上哭。家长看到这种情况之后，不但不关心孩子，反而指责孩子赖在床上不学习。孩子变得害怕上学，拒绝上学。这件事属于极少见的情况。当发生这种事情时，父母应该先了解事情的来龙去脉，视具体情况而采取措施，使孩子免于受伤害。可是，这位家长在不了解事情原委的情况下，就认为老师打孩子的动机没有错，反而指责孩子逃避学习，最终错失了教育机会。

家的作用是什么？家是孩子的港湾。当孩子在外边累了或受了委屈时，孩子能在家里得到休息和安慰。孩子只有得到了父母的理解和支持，得到了精神上的补给，才能继续上路。所以，当师生之间发生了误会和冲突时，家长一定要保护好孩子（这里说的不是护短），要让孩子免于受伤害。家长要让孩子明白，无论发生了什么事情，回到家里就能感受到温暖。只有这样，孩子才有勇气面对生活中的困难。

二、如果没有友谊，孩子就会很孤独

人是社会性动物。马斯洛说过，爱和归属的需要是人的基本需要之一。孩子从家庭走向校园，需要经历一个从依恋父母到独立的过程。随着孩子慢慢长大，孩子对友谊的需求也逐步增长。尤其是到了青春期，孩子更愿意与同龄人交往，更认同同龄人的行为准则和价值观。如果孩子在和同学相处的过程中，有过多的负面情绪体验，自然就会影响孩子上学的热情。有些孩子因为在学校遭受欺凌或者与同学关系不好，所以不愿继续上学。

（一）友谊发展阶段论

美国著名儿童心理学家塞尔曼认为，儿童友谊的发展包括以下五个阶段：

第一阶段（3~7岁），称为零阶段。这时候儿童之间的友谊几乎为零，也就是说，在这个阶段，儿童还没有形成友谊的概念。儿童之间的关系还不能被称为友谊，只是短暂的游戏同伴关系。对于处在这个阶段的儿童来说，朋友就是跟自己一起玩的人，与自己共享玩具、在时空上接近的人，比如在小区里或广场上一起玩耍的小朋友。这种友谊关系并不牢靠，搬一次家就有可能换一批朋友。处在这个年龄段的孩子对友谊的需求不是那么强烈，只要有玩伴就行。

第二阶段（4~9岁），称为单向帮助阶段。处于这个阶段的儿童要求朋友能够满足自己的愿望和要求。也就是说，处于这个阶段的儿童将"是否能满足自己的愿望"作为判断玩伴是不是好朋友的标准。如果对方顺从自己，孩子就把对方当成自己的朋友，否则就不是朋友。比方说，如果对方同意把作业借我抄，我就把他当作我的好朋友；如果对方愿意给我玩玩具，我就把他当作我的好朋友。

第三阶段（6~12岁），称为双向帮助阶段。处于这个阶段的儿童能互相帮助，但还做不到共患难。处于这个年龄段的孩子对友谊的理解就是可以相互分享，他们会把好东西分享给朋友。他们对友谊的交互性有了一定的了解，但仍具有明显的功利性特点。处于这个阶段的孩子缺乏对朋友情感上的关心。

第四阶段（9~15岁），称为亲密的共享阶段。处在这个阶段的儿童对朋友有了进一步的概念，认为朋友之间可以相互分享，可以倾诉秘密，相互信任，彼此忠诚，互相帮助，同甘共苦，认为友谊是随时间的推移而逐渐形成和发展起来的。他们开始关注朋友的品质，认为自己与朋友的共同兴趣是友谊的基础，但这一阶段的友谊具有强烈的排他性和独占性。

第五阶段（12岁以后），称为自主的共存阶段，是友谊发展的最高阶段。这个阶段的友谊以双方互相提供心理支持和精神力量、互相获得自我的身份为特征。由于择友的标准更加严格，因此在这个阶段建立起来的朋友关系持续的时间都比较长。

以上几个阶段的变化反映了儿童随着年龄的增长，对友谊有着不同的理解。对上小学的儿童而言，在最初（小学一、二年级），儿童只根据一些表面的行为和关系来定义朋友，认为朋友就是住得较近、能分享好玩的玩具、喜欢与自己一起玩、玩自己喜欢的游戏的同伴。到后来（小学四、五年级），儿童慢慢地将友谊视为能够相互关心、分享情感、互相安慰的内在关系，认为朋友就是互相支持、彼此忠诚、相互合作、彼此不打架的人。最后（开始于小学五年级），儿童将友谊看成可以进行自我表露和倾吐秘密的特殊同伴关系，朋友就是有共同兴趣、互相了解、互相透露个人小秘密的人。

就生命成长的一般规律而言，孩子在小的时候会和父母建立较深的情感依附关系。在小学低年级，即便孩子没有与同学建立相对稳定的友谊，这对孩子内心的伤害也比较轻。当然，如果出现极端情况，比如孩子被大多数同学孤立，孩子的情绪一定会受到影响，孩子的学习状态也会受到影响。随着年龄的增长，孩子会逐步与父母分离，直至独立。到了青春期，孩子正处在从依附走向独立的时期，正常发展的孩子倾向于认同同龄群体的价值观与行为习惯。在这个时候，友谊对孩子心理的影响极大。为了得到同龄团体的认同，孩子就得做出符合群体价值观的行为。比方说，某个群体喜欢抽烟，身在其中的孩子就得抽烟，否则就容易被排挤在外。近朱者赤，近墨者黑，这个时候父母应该关注孩子的玩伴，尽量创造条件让自己的孩子和一些心地善良、积极向上的孩子在一起玩。

（二）面对校园欺凌，我们应该怎么办

【案例】从优秀学生到问题学生

有一天，有一对父母在朋友的介绍下，来找我咨询。这对父母说，女儿马上就要升入初二了。在初一第一学期期中考试的时候，女儿的成绩名列全年级第九。可是还不到一年的时间，女儿整天不上学，经常逃学，在步行街闲逛，出入娱乐场所。因为孩子的现状令人担心，所以这对父母来找我求助。

和这对父母聊了一会儿，我了解到母亲身体很弱，是全职太太，操持着所有家务。父亲身体壮实，脖子上挂着金链子，经营着一家公司。夫妻间的关系还不错。言谈之中，我认为这对父母的教育方式没什么大问题。于是，我建议让孩子来和我聊一聊。

孩子一进来，就显得很抗拒。后来，随着咨询的展开，孩子开始向我诉说。孩子说，她曾经和父母说过一件事，可是父母并没有很在意。孩子说的这件事是校园欺凌。孩子在得不到父母回应的情况下，就找了几个类似"小太妹"的女生帮她摆平了这件事。从此以后，孩子经常和这帮游手好闲的学生一起玩。

不到一年的时间，一个好端端的孩子就这样变成了"问题学生"，这的确应该引起家长的警惕。

校园欺凌是一种特殊而又极端的同学关系。校园欺凌是指同学间通过排挤、起绰号、讥讽嘲笑、散播谣言、言语羞辱、敲诈勒索、殴打恐吓等方式欺负弱小的一方。校园欺凌分为单人实施的暴力、少数人实施的暴力和多人实施的暴力等几种，实施环境多为校园周边人少、偏僻的地方。

对于校园欺凌的受害者而言，上学路上的每一步都像在走向危险。我的岳母是一位初中老师，邻居家的一个男孩在她工作的学校上学。有一次，邻居家男孩被别的男孩堵在路上，被逼着把零花钱拿出来。从此以后，邻居家男孩就开始害怕上学。后来，每天都是我岳母护送他上学，直到他毕业。

校园欺凌对孩子产生的伤害包括以下几个方面：

1. 使孩子变得怯懦，担惊受怕，缺乏自信，自尊水平降低。尤其是遭受欺凌的时间越长，次数越多，孩子的自尊水平越低。

2. 影响孩子正常的学习。校园欺凌容易给受害者带来创伤应激障碍，导致个体的认知功能受损。受害者无法将注意力集中在学习上，记忆力下降，成绩迅速下滑。

3. 部分孩子的社会功能丧失。不少孩子因为害怕再次遭受欺凌而选择了回避，害怕上学，甚至不去上学，最终导致辍学在家，给家庭带来严重的伤害。

4. 心理失常，经常伴随躯体症状。

5. 遭受过欺凌的孩子将来可能出现品行障碍，成年后易出现反社会人格。2018 年发生在陕西米脂三中的恶性袭击案，凶手刺杀了 19 名学生，造成 9 死 10 伤。据媒体报道，嫌疑人称自己毕业于米脂三中，在上学期间曾经遭受过欺凌，所以怀恨三中学生，做出如此暴行。

平时父母一定要多关心、多观察孩子，当孩子出现下列一些异常行为时，一定要提高警惕：

1. 莫明其妙地不愿意上学。

2. 个人钱财、物品经常丢失或者损坏。

3. 身体有伤痕。

4. 睡眠出现问题，或者情绪低落。

5. 有自我伤害的倾向。

6. 有伤害他人的倾向。

在日常的学习生活中，父母应该教导孩子在面临欺凌行为时要灵活应对。遇到危险时，人的本能是选择逃避或者战斗。做出选择时需要审时度势，如果力量悬殊，就不要硬着来，要懂得周旋，一旦对方放松警惕，立刻趁机逃离。不要与欺凌者硬碰硬，生命是最重要的，如果对方只要财物，孩子不妨把财物交出，先摆脱危险情境，再找机会向大人求救或报警。

第四章

四种品质：自我感、自制力、意志力、适应力

【案例】破茧成蝶——一个受制于自我感的孩子

成也"自我"，败也"自我"！妈妈做了一个"茧"，束缚了孩子的发展。我给孩子引进一丝"光亮"，让孩子破茧成蝶。

朋友的孩子来求助

有一次，一个朋友的女儿来向我求助。她正在读高一，在一所重点高中借读。孩子来的时候，我发现孩子的学习动力不足，亲子关系不是很好。

习得性无助的孩子

孩子跟我说起她小时候的一件事。那时候她的成绩一直排在班上的第二十多名，有一次她努力了一把，考到了班上第七名。当老师在班上宣读名次的时候，她非常高兴。放学后她兴冲冲地往家赶，一回家，就对妈妈说："妈妈，我考了班上第七名。"她妈妈竟然对她说："你别嘚瑟！你比第一名少了多少分？！"妈妈给她浇了一盆冷水，直接把她浇蒙了。从此以后，她的学习劲头就降下来了。她想：反正怎么努力也不能让父母满意，她又何苦努力呢？

寻找孩子的闪光点

我和这个孩子的父母很熟悉，在孩子很小的时候，我还辅导过她背诵课文。在咨询中，我一方面对孩子进行学习方法的辅导，一方面努力寻找孩子的闪光点，希望能点燃孩子心中的火把。因为我觉得孩子很聪明，就让孩子做了瑞文标准推理测验。不出所料，孩子的瑞文标准推理测验结果为一级。也就是说，孩子的智力水平很高。孩子得知了这个测试结果很开心，对自己更有信心了。

辅导成效

孩子后来没有选择在国内高考，她参加了美国高考SAT，最终考上了在美国商科院校排名前50位的高校。

这次辅导的反思

这对父母的高要求让孩子受到打击，孩子陷入习得性无助的状态，学习动力不足。通过瑞文标准测试，我找到了孩子的闪光点，增强了孩子对学习的信心，同时对孩子进行了一些学习方法的指导，孩子的成绩很快得到了提高，自我效能感也得到了提升。后来我在我的电脑上查询测试结果时偶然发现，这个孩子曾进行过多次测评。我猜一定是孩子趁我不在的时候，一次又一次地做测试，来确认自己的能力，寻找自信的支撑点。

第一节　我是谁？我好吗？我行吗？

在心理学中，自我概念指的是"我是谁"，自尊感（通俗地说就是自我价值感）指的是"我好吗"，自我效能感指的是"我行吗？我能把这件事做好吗"。自我效能感对自尊感有促进作用，自我效能感的高低与学业表现的好坏有密切的联系。自我效能感高有助于将孩子带入积极、正向的循环中，而自我效能感低容易将孩子带入消极的循环中。

一、习得性无助感与厌学

【资料】究竟是哪种家长表现得更好

有一次听北大六医的丛中教授讲课，他举了一个育儿的案例。有一个9个月大的小孩，拿着身边的几个乒乓球往外扔，大人一次次捡回来，孩子一次次往外扔。丛中教授问我们：父母和孩子怎样互动才是最好的？

于是大家七嘴八舌地发表意见。最后，丛中教授说，最差的亲子互动是父母责备孩子乱扔东西。好一点的亲子互动是，父母很有耐心，孩子一次次地扔，父母一次次地捡，笑呵呵地看着孩子扔。我当时以为这种互动方式已经是最高境界了，没有想到的是，丛中教授说，最好的亲子互动是父母和孩子一起扔着玩。

其背后的道理是孩子在体验中学习，父母不要阻碍孩子的学习行为。当孩子发现自己的行为（扔）能带来一个结果（乒乓球滚出去）时，他会觉得非常好玩。于是，孩子会一次一次地重复这个动作，看看自己的行为会带来什么样的结果。等孩子玩够了，孩子就能获得一个认知，就是自己扔的行为会导致物体移动。这种控制感既能提升孩子的因果认知能力，还能提升孩子的自我效能感。

一旦事情失去控制，个体就会有无力感。于是，焦虑、抑郁的情绪就容易爆发。毫无疑问，对能力与控制力的知觉对身心健康是非常重要的。想象一下，如果你突然发现你不再拥有使生活发生改变的能力和控制力，在你身上发生的事情与你的行为无关，即便你尝试过各种方式，依然无法左右发生在你身上的事情，你会有何感受？恐惧、害怕、无助、抑郁等情绪会随之而来，你可能会放弃所有的努力，因为努力已经没有用处了。换句话说，你将变得抑郁。

（一）经典的习得性无助实验

马丁·塞利格曼是美国著名的行为主义心理学家。他认为，一个人对能力和控制力的知觉是从经验中习得的。他相信，当一个人控制特定事件的努力遭受多次失败后，这个人将停止这种尝试。如果这种情形出现得过于频繁，这个人就会把这种控制缺失的知觉泛化到所有的情境中，甚至泛化到实际能控制的情境中，于是，他开始感到自己像一颗"命运的棋子"任人摆布，无助而抑郁。塞利格曼将这种抑郁产生的原因称为习得性无助，他是通过一系列经典实验得出这样的结论的。

1. 第一次实验：狗出现习得性无助

塞利格曼在 1967 年进行了动物实验。实验者起初把狗关在笼子里，只要蜂鸣器一响，就给狗施加令它难以忍受的电击。狗被关在笼子里，逃避不了电击，于是在笼子里狂奔，屎滚尿流，惊恐哀叫。经过多次实验后，只要蜂鸣器一响，狗就趴在地上，惊恐哀叫，不再狂奔。后来实验者在给予电击前，把笼门打开，此时狗不但不逃离，而且不等电击出现，就倒地呻吟和颤抖。它本来可以主动逃离，却绝望地等待痛苦的来临，这就是习得性无助。为什么它会这样呢？因为它已形成错误的认知，认为所有的努力都是无效的，于是干脆放弃努力，被动消极地面对困境。这一项研究显示，反复对动物施加无法逃避的强烈电击会让动物产生无助绝望的情绪。

2. 第二次实验：人出现习得性无助

1975 年，塞利格曼用人当受试者，结果受试者也产生了习得性无助。实验是针对大学生进行的，他们把学生分为三组：让第一组学生听一种噪声，这组学生无论怎样努力都无法让噪声停止；让第二组学生也听这种噪声，不过他们通过努力可以使噪声停止；第三组学生未听到噪声。

当他们将上述实验进行了一段时间后，又让受试者进行另一个实验：实验装置是一个"手指穿梭箱"，当受试者把手指放在这个穿梭箱的一侧时，就会听到一种强烈的噪声，当受试者把手指放在另一侧时，就听不到这种噪声。实验结果表明，在原来的实验中，能通过努力使噪声停止的受试者，以及未听到噪声的对照组受试者，在"手指穿梭箱"的实验中，学会了把手指移到箱子的另一边，使噪声停止。而第一组受试者，也就是在原来的实验中无论怎样努力都不能使噪声停止的受试者，他们的手指仍然停留在原处，任凭刺耳的噪声响下去，也不把手指移到箱子的另一边。

习得性无助是指因为重复的失败或惩罚而出现任由摆布的行为。

习得性无助给家庭和学校的启示是：如果孩子在学习上付出了努力，却总是得不到一个积极正向的反馈，久而久之，孩子就会倦怠，甚至选择放弃。孩子在学习上得到的反馈，一方面来自成绩，另一方面来自老师和父母的评价。来自成绩的反馈相对客观一点，老师和父母的评价就相对主观一点。老师很难做到不比较学生之间的成绩，毕竟成绩是秃子头上的跳蚤——明摆着。如果孩子的成绩不是太优秀，那么在学校里想得到老师的赞许往往不太容易，这个时候父母的肯定和鼓励就显得尤为重要。如果父母一味地对孩子高要求，总是对孩子的学业表现不满意，不是批评就是苛责，最终就容易导致孩子厌学，甚至放弃学业。

学业上的习得性无助是指学生在经历多次重复的失败后，将失败归因于自己无法控制的因素，从而产生的一种情绪体验。有些父母骂孩子时爱说："你这个榆木疙瘩！""你怎么这么笨？""我怎么生了你这么一个笨蛋！"类似这样的语言暴力，容易让孩子将自己的失败归因于智商水平低下。俗话说，智商是硬伤。一旦个体将自己的失败归因于无法控制的因素，个体就容易产生习得性无助感。个体往往会形成以下固执的信念：

（1）我不如别人。

（2）成功和我无关，它不是我能左右的。

（3）即便偶尔获得成功，也是靠运气获得的。

（4）新的失败再次证明我是没有能力的。

一旦这些错误的观念根植于孩子的心里，孩子就会在学业上陷入一个死循环，认为自己无能，于是放弃努力。再一次的失败，更强化了孩子的无能感，然后出现新一轮的放弃，就这样周而复始，再也无法站起来。

习得性无助的学生有以下几个特征：

（1）不断地对自己强调"我做不到"。

（2）无法集中注意力听老师讲课。

（3）即使有需要，也不寻求帮助。

（4）什么都不做（如爱盯着窗外发呆）。

（5）不经思考就猜测答案或者胡乱回答。

（6）取得成功时缺乏自豪感。

（7）表现出对学习的厌倦，丧失学习兴趣。

（8）容易沮丧。

（9）不愿意回答老师的问题。

（10）想尽各种办法逃避学习任务，例如说自己肚子痛，因此不上学，去医院却查不出任何器质性病变。

二、没皮没脸的孩子很难被教育

【案例】一句话可以让人铭记一辈子

记得有一次，我在老家给一群孩子做学习心理辅导。在我的印象中，有个高一的小男孩，长得白白净净，内向腼腆。在辅导过程中，我让他站起来读了一篇英语课文。在我老家，因为我们说的是客家话，好多人连普通话都说不好，比方说，"h"和"f"不分，"湖南"会被读成"福南"。所以，对于孩子的英语发音，我没有抱过高的期待。没有想到这个孩子竟然读得非常好，发音准，嗓音又好，我甚至怀疑这个孩子学过播音主持课程。于是，当这个孩子读完课文后，我热情地夸奖了他，首先夸他的发音准，其次夸他的嗓音好，具有做播音主持的潜质。

孩子们考完期中考试后，有一天，这个孩子的姐姐突然发了一条微信给我："刘教授，我弟弟的学习成绩有了很大的提升！总分提高了60多分，排名（在快班）提升了25位，而且英语成绩名列全班第一。我们真的太高兴了！之所以特意告诉您，是因为我们觉得您的课含金量太高了。感谢您！"

我和他姐姐聊了聊，想知道究竟是什么起了作用。从聊天中我得知，孩子的父亲是一个脾气暴躁、对他人要求非常苛刻的人。他几乎看不到家人的优点，经常批评家人，对孩子很严格，家人都特别怕他。她的话让我明白了为什么我对孩子的欣赏和鼓励能起到那么大的作用。

记得我小时候，我爸最喜欢摸着我的额头说："孩子，你的额头那么大，像毛主席的额头一样，有这样的脑袋，读书肯定差不了，将来一定有出息！"就为了父亲这句话，我奋斗了大半辈子。唉，我是不是中了我爸的圈套呢？

自我概念是指一个人在成长过程中形成的自我认知，是对自己的觉察。它包含自我认识、自我体验和自我控制等内容。自我认识是指一个人对自己的认识和评价，比方说有一个人觉得自己长得不错，总是爱照镜子。这就是一个人对自己的容貌形成的认识，觉得自己长得蛮好看。自我体验是指一个人对自己持有的一种态度和情绪体验，比方说因为自己长得不错，所以在容貌上比较有自信，自信就是一种自我体验。自我控制是指一个人对自身行为、思想、语言的控制，比方说，一个在容貌上有自信的女孩，却懂得在一个丑女孩面前收敛自己，维护他人的自尊。

自我概念是具有动力作用的，它既可以让你"作茧自缚"，也可以让你"破茧成蝶"。比方说，有一个在容貌上比较自卑的女孩，她总觉得自己不受欢迎。因为有这样的认知，所以这个女孩极少参加班级的集体活动。有一次，学校举办了一个大型舞会，其他同学都积极参加，只有这个女孩不愿意去。后来在同学的劝说下，她才勉强参加了舞会。在舞会上，其他女生都被男生邀请跳舞，可是这个女孩始终没有被邀请。回到宿舍之后，她大哭了一场，在心里再次对自己强调："我说过，我就是一个不受欢迎的女生。看看！这次舞会再次证实了这一点。"

同宿舍的女生问班上的男生："你们昨天晚上为什么不邀请这个女孩跳舞呢？"没有想到的是，大多数男生说，看到这个女孩坐在角落里，表现出不是很高兴的样子，男生们一方面怕打扰这个女孩，另一方面怕被这个女孩拒绝。

从这个事例中我们可以看到，这个女孩觉得自己是一个不受欢迎的人，这种认知导致她在集体中总是给人一种拒人于千里之外的感觉。男生为了维护自己的自尊，不愿意邀请这个女孩跳舞。这一结果又强化了女孩对自我的认知。这种循环认知慢慢深入骨髓，这就是"作茧自缚"。

记得我的大学语文老师讲过一个故事。我的老师上大学时，同宿舍的一个同学特别爱跳舞，而且他是一个自我感觉比较好的人，大家都叫他"老美"，意思是他总是美滋滋的。他整天去舞厅跳舞，同宿舍的同学半开玩笑地说他是中文系的舞王。"老美"竟然笑纳了这个玩笑，在大学四年里，像发了疯似的狂练舞技。更没有想到的是，大学毕业之后，他竟然获得了全市交谊舞大赛的第一名。宿舍同学知道了这个消息后都非常惊讶，想当年"老美"的舞技并不是最好的，不料一句玩笑话却成就了"舞王"。这就是"破茧成蝶"。

既然自我概念有一种神奇的力量，那么自我概念是如何形成的呢？究竟怎样做才能让一个人建立积极的自我概念呢？

有人说，孩子是看着父母的背影长大的。这说明了孩子在原生家庭中成长，在潜移默化中被父母塑造着。更重要的是，父母是孩子的一面镜子，孩子从父母的眼睛里看到了自己。

有一次，朋友举办了一个夏令营。在夏令营中，我们做了一个关于自我概念的经典游戏，那就是让孩子们不假思索、迅速地写出 20 个"我是……"的句子。其中一个上小学五年级的孩子竟然写了一句"我很贱"，当时把我们几个老师吓了一跳！一个五年级的孩子，肯定理解这句话的含义，为什么要这样说自己呢？带着这样的一个疑问，我和另外一位老师把孩子叫到一边，私下问他："孩子，你为什么要这样说自己呢？"

没有想到的是，孩子梗着脖子，说："难道不是吗？我妈妈天天这样说我。"

我俩相顾无语。

家是孩子形成自我概念最初始的环境。如果父母爱孩子，孩子就会认为自己是一个值得别人爱的人，他的身上自然就会散发出可爱的光芒。反之，一个被忽略、被否定的孩子，则会觉得自己可有可无，他那怯懦、自卑的眼神，处处让人觉得"可怜之人必有可恨之处"。

如果父母尊重孩子，孩子就会懂得人的尊严是如此重要，自然就懂得自尊、自重，能在失败的时候"知耻而后勇"，努力走出失败，迈向成功。反之，一个被羞辱、被忽视的孩子，则会变得没皮没脸、赖赖唧唧。即便被人羞辱，他也感受不到羞耻。

如果父母经常鼓励孩子，孩子就会明白失败并不可怕，大不了从头再来。反之，一个承受不了失败的孩子，则会刻意回避失败，见到困难绕道走。

以上就是我们常说的"自尊、自爱、自强"。为人父母者一定要知道如何培养孩子的自我感，让孩子成为一个自尊、自爱、自强的人。

三、自我效能感：我行吗

自我效能感是指人们对实现特定目标所需的能力的预期、感知、信心或信念。换句话说，自我效能感就是个体对自己能否干好某一件事的信心。应用于学习领域，学习自我效能感是指个体对自己能否完成学习任务的信心。理论上，自我效能感包含四层含义：

（1）自我效能感是个体对其行为能力的主观判断和评估，比方说，一个孩子对 1000 米体育测验很有信心，因为他在每次测验中都名列班级第一。

（2）自我效能感是个体整合各种能力信息的自我生成能力。

（3）自我效能感具有领域特定性，即面对不同的任务或不同的特定目标，个体的自我效能判断会有所不同，比方说，一个孩子对完成学业非常有信心，但是对体育测验没有信心。

（4）自我效能感形成后最终会成为个体的内在自我信念。

（一）自我效能感对学习的影响

1. 自我效能感影响学习动机

自我效能感是指一个人对自己能否胜任某件事的信念。在学习领域，学习自我效能感高的学生在遇到困难时，通常不会轻易放弃，而会做出更大的努力，花费更多的时间，将困难克服；学习自我效能感低的学生则恰恰相反，遇到困难时容易放弃努力，尤其在不能很快获得预期结果时，倾向于放弃已经习得的技能，不想再付出努力。这一点和前面谈到的习得性无助有点相似，在学习方面如果总是没有积极的体验，个体就容易对学习丧失信心，遇到困难时，容易归因于自己的能力不够、智商不高等因素，认定自己没有能力解决，从而放弃努力。

研究表明，自我效能感会影响学生的活动选择。自我效能感高的学生比自我效能感低的学生更倾向于选择更困难、更富有挑战性的活动，对活动具有内在的兴趣。

2. 自我效能感与目标设立

自我效能感影响人们的目标选择和实现目标的承诺。自我效能感高的学生比自我效能感低的学生更倾向于制订更高的学习目标，选择更困难、更富有挑战性的活动，设立的目标更为合理，实现目标的承诺更为坚定。我国研究者杨心德等人以中学生为研究对象，开展了有关自我效能感对学习目标的影响的研究。研究表明，学生的学习成绩越好，自我效能感就越强，学生所确定的考试目标及初中毕业后的目标就越高。研究还表明，自我效能感高的学生所确定的近期目标和长期目标都高于自我效能感低的学生。

3. 自我效能感影响学习情感

学习自我效能感高的孩子在过去的学习中，有过较多积极的学习体验，面对学习的时候，态度积极，信心十足，情绪饱满，体验到的紧张、焦虑和恐惧少，活动效率高；学习自我效能感低的孩子在面对学习上的困难时，容易产生紧张、焦虑和恐惧等情绪，常常体验到无能感。因此，为人父母者一定要注意，在孩子刚开始学习时，经常给孩子积极的反馈，让孩子有积极的情绪体验，这样才能提升孩子的自我效能感。当孩子有好的行为表现时，父母应当给予欣赏和肯定。当孩子遇到困难或表现不够理想时，父母应给予孩子力量，多鼓励孩子。如果父母经常这样做，孩子在学习中的积极情绪体验就会比较多，在下一次的学习情境中，无论是顺境还是逆境，大脑形成的自动反应都是正向、积极的。

学习自我效能感低的学生常常变得焦虑。如果学生在学习过程中体验到太多的负面情绪，与学习相关联的学校就会被"殃及"，学生一进入学校就容易出现焦虑、恐惧、抑郁等负面情绪。当这些负面情绪持续影响个体的时候，个体容易出现身心疾病，甚至导致厌学、退学。

4. 自我效能感影响学业成绩

自我效能感对学习成绩的影响是毋庸置疑的。学习成绩好会让孩子建立积极的学习自我效能感，而积极的学习自我效能感有助于孩子提高学习成绩。国内外的诸多研究表明，自我效能感高的孩子成绩往往比自我效能感低的孩子成绩好。我国学者黎兵、杨嘉乐通过研究发现，自我效能感对学业成绩的影响远大于时间管理、学业归因的影响，自我效能感高的学生更容易取得优异的成绩。张静等人通过研究发现，相比于成就目标、元认知，自我效能感对学业成绩的影响更大。自我效能感高的人相信自己有能力，专注于分析和解决问题，因而能取得较高的学业成就。

（二）自我效能感是如何产生和发展的

1. 个体动因感是自我效能感的源头

自我效能感起源于何处？又是如何发展、变化的呢？班杜拉认为个体的自我效能感源自个体动因感。个体动因感是指个体意识到某个事件的产生是由自己的行为造成的。自我效能感最初起源于个体对自己的行为与行为所引起的结果之间的关系的知觉，以及对他人经验的观察，也就是说源自个体动因感。在我家孩子很小的时候，有一次我们在孩子的手上系了一个氢气球。孩子躺在婴儿床上，当他晃动自己的小手时，氢气球就跟着晃动。孩子对这一现象非常好奇。当他体察到自己手的晃动能导致气球的晃动时，他就会不断重复这一动作，观察自己的行为带来的结果，然后开心地笑起来。这就是孩子的动因感。

因为孩子尚小，受限于自己的行动能力，无法体验到所有的事。孩子动因感的另一个来源是对生活的观察，当大人拍打气球，不让气球落地时，孩子可以看到大人的行为带来的结果。这些经验藏在孩子的心里，当条件相似时，孩子会重复大人的动作，在重复中进行学习。

一旦婴儿体验到自己的无意动作会引发环境的变化，就会逐步意识到动作与环境变化之间存在因果关系，便能形成对行为因果关系的理解。但是，这种对行为因果关系的理解还不足以让个体产生自我效能感。个体只有意识到那个动作是自己发出的，自己就是行为的主导者，才能获得自我效能感。也就是说，当婴儿产生自我意识之后，形成动因感后，自我效能感才开始出现。

对于年龄稍大的孩子，为人父母者要多鼓励孩子参与各种各样的活动。只要在安全的范围内，父母完全可以多鼓励孩子从事各种活动，让孩子在做中学，在活动中学。在活动中，孩子会慢慢体会到自己的行为带来的奇妙效应，感受到自己双手的伟大。正因为孩子勇于尝试、体验，在面对陌生的活动时，孩子会少一分无助，多一分信心。父母千万不要替代太多，如果父母替代多了，孩子就容易产生无能感，觉得自己离开了父母什么都干不了。如果父母对孩子过度包办、替代，就相当于剥夺了孩子成长的权利，扼杀了孩子的生命。

2. 家是自我效能感的最初来源

家庭是一个生命来到这个世界后首先面对和接触的环境。因此，家是孩子自我效能感最初的信息来源。父母或其他主要抚养者对孩子行为的反应、教养方式等都是孩子自我效能感发展的重要条件。

首先，孩子在家庭中掌握的经验对其自我效能感的形成和发展起着重要作用。在新生儿、婴儿、幼儿等各年龄阶段，父母应该在保证孩子安全的前提下，尽量给孩子创造可以自由探索的空间，给孩子提供可以操控的物品、玩具，促进孩子动因感的发展。此外，父母对孩子行为的积极反馈能帮助孩子形成积极的自我效能感。比方说孩子的微笑可以引发父母兴奋、愉悦的情绪反馈；当孩子发出近似"ba""ma"的音节时，父母会表现出狂喜的回应。

【案例】如何判断父母的养育质量？

妈妈抱着一个四个月大的孩子在马路上行走，旁边有一个路人经过。通过观察孩子的不同反应，我们大体可以判断父母的养育质量。

· 孩子对路过的大人没有任何反应。

· 孩子的眼睛追随着大人。

· 不仅仅了的眼睛追随着大人，孩子还向大人露出微笑。

仅就上面三种行为反应来看，第三个孩子的父母的养育质量最高。孩子不仅能对周围的事物感兴趣，眼睛追随路过的大人，还能向对方露出微笑，以引发对方的注意。

其次，在家庭中，父母、兄弟姐妹为孩子自我效能感的发展提供了替代性经验。如果父母对婴儿试探性的行为给予积极的回应，那么婴儿很快就能学会通过自己的社会性行为和言语去影响周围的人。父母给予孩子的回应包含某些替代性的控制，孩子可以通过观察父母做一些自己无法做到的事，获得替代性的效能体验。此外，父母、兄弟姐妹可以成为孩子的榜样，是孩子观察模仿的对象。当孩子观察到父母、兄弟姐妹的适当行为产生了特定的效果时，如果父母、兄弟姐妹采取的策略是在孩子力所能及的范围内，孩子会在父母、兄弟姐妹不在自己身边的时候，采取同样的策略，以获得同样的结果。这种替代性的经验能够帮助孩子提升自我效能感。

最后，研究表明，父母的教养方式对孩子自我效能感的发展影响很大。父母给予孩子更多的温暖、关心和理解，有助于孩子形成较高的自我效能感，而负面的教养方式不利于孩子自我效能感的发展。父母的正面诱导和监督行为能让孩子的自我效能感产生积极的变化，而父母惩罚和放任的教养方式会让孩子的自我效能感产生消极的变化。

3. 同伴关系对自我效能感的影响

孩子在 3 岁以前，一直生活在家里。孩子初期的效能经验主要来自家庭。随着年龄的增长，孩子的活动范围从家庭逐步扩展到校园，交往对象扩展到同龄群体。同伴间的活动与交往就成了孩子自我效能感发展的主要途径。到了青春期，同伴关系对孩子自我效能感发展的作用越来越大。

首先，那些能力较强、富有经验的同伴对孩子的行为和能力判断有榜样示范作用。无论是校内还是校外，在孩子身边发生的事也大都发生在同伴身边，与同伴的交往过程能为孩子提供大量的替代性效能信息。俗话说，近朱者赤，近墨者黑。孩子很容易受到同伴的影响。当孩子发现与自己年龄、体格、能力、经验都相仿的同伴能在一些活动中获得成功时，他便会相信自己在同样的活动中也能获得成功。在提高自我效能感方面，有时候同伴的力量比教师的力量更大。

其次，由于同伴间存在诸多方面的相似性，因此可以通过将自己与同伴做比较，获得关于自身能力的信息，并形成某一方面的自我效能感。因为同伴间的活动和交往关系到孩子的威望和自尊，所以处在青春期的孩子对其同伴关系十分敏感，尤其在意那些他们所参与的、影响到他们在同伴中相对地位的活动。

4. 学校环境对自我效能感的影响

处在学龄期的孩子，一天之中大部分时间是在学校中度过的。作为学生，孩子最为重要的任务就是学习。在整个学龄期，孩子需要获取知识，提高各种能力。在校园里，孩子需要与同学交往，和老师打交道，学校是孩子提高认知能力和发展社会能力的重要场所，是孩子自我效能感，尤其是认知性自我效能感发展的动因。

俗话说，没有比较就没有伤害。可是，无论是认知能力还是人际交往，大家难免会进行比较。在比较中，总是处在相对优势地位的孩子容易获得自我效能感，而总是处于劣势地位的孩子就容易自卑，易形成较差的自我效能感。所以在学校里，应倡导多元评价机制，形成因材施教的氛围，这样每一个孩子都能找到自己的优势，形成更好的自我效能感。

在学校里，教师对学生的期待对学生自我效能感的发展有很大影响。积极效应（即教师对学生有积极期望）与学生自我效能感呈显著正相关，而消极效应（即教师对学生有消极期望）与学生自我效能感呈显著负相关，并且教师的期望能很好地预测学生自我效能感的变化。如果教师将自己对学生的积极期望通过适当的行为（如亲密的关注、热情的鼓励、耐心的辅导等）及时传递给学生，使学生真切地感受到教师对自己的积极期待，学生就会觉得自身价值得到教师的认可，自尊的需要就会被满足，会产生自我提高的动力。当学生的努力取得成效，朝着教师期望的方向发展时，学生又会得到教师及时的正向反馈，不断获得成功的体验，这样就会形成一个正向、积极的循环，增强孩子的自我效能感。

第二节　从延迟满足到自律，再到坚持

成功者必备的人格品质是自我控制力和意志力，也就是自律和坚持。我在辅导中见过很多孩子，其中不乏聪慧的孩子，他们的却因为沉迷于网络游戏而荒废了学业。我还见过一些孩子，他们天资不算太高，但是因为具备良好的人格品质，如自律、有毅力等，最终发展得很好。既然这些品质这么重要，这些品质从哪里来？父母该如何培养孩子的这些品质？延迟满足是指对自己欲望的克制，自律是指能约束自己，排除无关的干扰，坚持是指朝着目标执着前行。如果孩子拥有了这三种品质，何患人生无成？

一、经典的延迟满足实验

延迟满足是指一种甘愿为更有价值的长远结果而放弃即时满足的抉择取向，以及在等待中展示的自我控制能力。自控能力的

发展是个体完成各种任务、协调人际关系、成功适应社会的必要条件。

20世纪60年代，美国斯坦福大学心理学教授沃尔特·米歇尔（Walter Mischel）设计了一个著名的关于"延迟满足"的实验，这个实验是在斯坦福大学的一所幼儿园里进行的。

研究人员找来数十名4岁儿童，让他们每个人单独待在一个只有一张桌子和一把椅子的小房间里，桌子上的托盘里有一些儿童爱吃的东西，如棉花糖、曲奇和饼干棒等。研究人员告诉孩子们可以马上吃掉棉花糖，但如果能等研究人员回来时再吃，则可以再得到一颗棉花糖作为奖励。孩子们还可以按响桌子上的铃，研究人员听到铃声后会马上返回。

对这些孩子来说，实验的过程颇为难熬。有的孩子为了不去看那诱人的棉花糖而捂住眼睛或转过身体，有的孩子开始做一些小动作，如踢桌子、拉自己的辫子等，有的孩子甚至用手去打棉花糖。结果，很多孩子坚持不到三分钟就放弃了。有的孩子甚至没有按铃就直接把糖吃掉了，有的孩子盯着桌上的棉花糖，半分钟后按了铃。大约三分之一的孩子成功地抵御了自己对棉花糖的欲望，在差不多15分钟后，他们等研究人员回来兑现了奖励。

这个实验的最初目的是研究为什么有人可以"延迟满足"，而有人却做不到。然而，米歇尔在与参加上述实验的三个女儿谈到她们幼儿园伙伴们的近况时，发现这些实验对象的学习成绩与他们小时候"延迟满足"的能力存在某种联系。从1981年开始，米歇尔逐一联系已是高中生的653名实验对象，给他们的父母、老师发去调查问卷，主要调查这些孩子的学习成绩、处理问题的能力以及与同学的关系等方面的情况。

米歇尔在分析问卷的结果时发现，当年马上按铃的孩子无论在家里还是在学校里，都更容易出现行为上的问题，成绩都比较差。他们通常难以面对压力，注意力不集中，而且很难维持与他人的友谊。而那些可以等上15分钟再吃糖的孩子的SAT（美国高考）成绩比那些马上吃糖的孩子平均高出210分。

实验并未就此结束。米歇尔和其他研究人员继续对当年的实验对象进行研究，一直持续到实验对象35岁以后。研究表明，当年无法等待的孩子在成年后有更高的体重指数，并且更容易有吸毒方面的问题。

二、自律

【案例】一个有超强自制力的青年

2010年高考结束后的那个暑假，我给一对双胞胎男孩做了高考志愿填报的辅导。兄弟俩都考得不错，都考了600多分。哥哥报考了中医专业，因为父亲开了一家中医诊所，父亲希望孩子将来能继承家业，打算让哥哥学中医，哥哥本人也愿意。我在弟弟身上花了一番功夫，综合了弟弟的兴趣爱好、能力倾向、学科能力、性格特点及高考成绩等因素，最终建议弟弟报考某所大学的材料专业。没有想到录取结果不理想，弟弟被第二志愿录取，学机械专业。弟弟因此留下了一个心结。

当时兄弟俩长得太像了，高矮胖瘦、体形相貌几乎一模一样。过了一个学期，孩子们放寒假了，我们又聚在一起。当我再次看到这兄弟俩的时候，吓了一跳。哥哥没有什么变化，弟弟却比哥哥瘦了一圈。孩子妈妈说："我去接他们的时候，看到弟弟比他哥哥瘦了那么一大圈，我的眼泪一下子就流下来了。"

我问弟弟究竟发生了什么事。弟弟笑了笑说："没事！我在开学初给自己定了一个目标，就是每天跑一万米。这学期跑下来了，所以就瘦了。有时候去看我哥，我不坐公交车，跑步过去。"弟弟当时给我留下了很深的印象。一个人定了目标就能很好地执行，可见其自制力有多强，多能坚持。这样的人不管做什么事，都能做得很好。

果不其然，一年后，弟弟以机械专业第一名的成绩顺利转到了材料专业。转到材料专业以后，弟弟的成绩一直名列第一。到了大三的时候，弟弟被保送到清华大学硕博连读。最近我在聚会上了解到，弟弟将前往美国一个著名的实验室工作。

【案例】一个令人忧心的孩子

有一天，一个家在杭州的初三孩子来到我的咨询室。为什么一个杭州的孩子会来到我这里呢？因为他的姨妈是我的同事，和我爱人在同一个办公室工作。我同事的孩子刚考完高考，考了679分，被香港理工大学录取，并拿到了全额奖学金。

杭州孩子的妈妈对我同事说："姐，你家孩子考完高考了，而且考得那么好。你能不能帮我带带这个孩子？我真的拿他没办法了。"

于是，这个孩子就来到了青岛。有几回我看到我同事和她外甥一起出去。她把孩子的两只手掖在自己的胳膊下面，看起来非常别扭。我问："为什么要这样？"我的同事说："我只要让他腾出一只手，他就能用一只手玩手机游戏。"

有一天，我同事让我和这个孩子谈谈。我听说这个孩子非常聪明，就让孩子做了瑞文标准推理测验。结果着实吓我一跳。他竟然把60道题全对了。我工作了20多年，尤其是在青岛市人才交流中心从事三年人才测评工作，参加测评的人数以万计，我只碰到过一两个把60道题全做对的人。

我对这个孩子说："你的测试结果真的太让我吃惊了！即使让你姨妈家的哥哥来做这个测试，他的得分也不如你。可是你哥哥很自律，这恰恰是你缺乏的品质。"

这个孩子的哥哥，也就是我同事的孩子，到了高三第二学期的时候，他觉得在学校的自习时间不够用，于是跟我同事说："我觉得学校的自习时间不够用，能不能帮我在学校附近租个房子？这样每天晚自习下课后，我可以到租的房子里再看一会儿书。"我同事就给孩子租了房子。租好房子后，我同事说："你看书那么辛苦，我过去给你做点好吃的吧！"没有想到孩子一口回绝："我想多花一点时间看书，你过来容易打扰我，你别给我添乱了。"

就这样，孩子在外边住了3个多月。我同事一次也没有去住过。可见这孩子有多强的自制力啊！

从这个案例中我们可以看出，自制力对一个人是多么重要。如果没有自制力，即使是天才也可能被废掉了！

在现代社会，家庭中的一个小现象能折射出孩子自我控制能力的强弱，那就是看孩子如何玩电子设备。

现如今，家庭中的电子设备很多，如智能手机、电脑、电视等。孩子从小就接触这些电子设备，电子设备的内容越来越丰富，游戏的设计者越来越注重互动性，孩子容易沉溺其中，欲罢不能。就连很多成年人每天都爱看手机，更何况孩子呢？

很多家长都没有预料到电子设备的危害性。从表面上看，玩手机、看电视、玩网游很正常，如今大家都在玩，可是电子设备最终吞噬的是孩子的自我控制能力。

现如今，不让孩子碰电子设备，几乎是不可能的。当孩子小的时候，家长能做到不让孩子看电视、玩电脑、玩手机。可是，家长能监控到什么时候？上了大学，孩子不在家长身边，家长怎么监控？只怕那时候，孩子看到游戏时会两眼放光。正所谓缺啥补啥，孩子到时候极有可能失去控制。

其实游戏并不完全是洪水猛兽。如果玩游戏是孩子缓解压力的方式之一，偶尔玩一玩游戏就能让孩子得到放松。更何况，游戏就像热播电视剧一样，能成为孩子茶余饭后的谈资，能成为孩子与其他孩子情感联结的工具，是孩子融入环境和获得友谊的桥梁之一。

当然，父母不应该纵容孩子玩游戏，以免让孩子沉溺其中，不能自拔。曾有一个高二男孩离家出走的消息引起大家的关注，起因非常简单，就是孩子玩游戏没有节制，父亲看不过去，和孩子发生了冲突。一气之下，父亲将孩子的手机摔碎了，这个孩子就负气出走了。父母、亲戚、同学四处寻找，动用了各种力量，最后找到了孩子，可孩子变成了一具冰冷的尸体。消息一出来，家长无比震惊，更需要进行反思。

对于孩子玩电子设备的行为，我认为家长既不能完全禁止，也不能纵容。家长需要做的是通过对这一行为的管控来培养孩子的自我控制能力。可在现实中，很多家长不知道如何管控孩子的这一行为。春节时，大人们走亲戚，一年不见，有的时候聊起来没完没了，结果就把孩子晾在一边。我注意到这时候有些孩子就会拿起手机，对妈妈说："妈妈，我可以玩一会儿手机吗？"

妈妈说："不可以！"

孩子说："我就玩一会儿！"

妈妈说："不可以！我说了不可以就不可以！"

…………

我转身和其他亲戚聊天，过了一会儿，扭头一看，发现孩子已经开始玩手机了。我在想：这位妈妈平时就像这样和孩子互动吗？其实这是一种非常错误的亲子互动方式。刚开始，妈妈是不同意孩子玩手机的，可是最后放弃了最初的想法。孩子会怎么想？孩子会觉得，妈妈说的话经常不算数，出尔反尔。妈妈怎么能期待将来自己说的话管用呢？

刚开始妈妈没有答应孩子的要求，最后却把手机给了孩子。谁赢了？孩子赢了。孩子是通过自己的死缠烂打获得胜利的。妈妈同意让孩子玩手机，强化了孩子死缠烂打的行为。孩子会在长期的斗争中积累丰富的对抗经验！当孩子变得特别能"战斗"的时候，父母只能在斗争中败下阵来。因为孩子知道，父母爱他，而他并不一定爱父母。那些动不动就以死相逼的孩子，不就是利用了父母爱孩子的心理，步步紧逼、节节胜利的吗？

其实，培养孩子自我控制能力的一个基本原则是：温柔地坚持。父母温柔的态度不会让孩子受到伤害，父母坚持自己的底线，不能让孩子越界。我家孩子很喜欢玩游戏，我们约定孩子一天最多玩 20 分钟。我家的原则是：如果孩子今天没有玩游戏，我们一定会痛快地答应让孩子玩；如果孩子今天已经玩了 20 分钟，那么绝对不允许孩子再玩。当然，也有例外的时候，比如孩子陪我们出去吃饭，我们在和朋友商量事情时，可以适度让孩子多玩一会儿。教育孩子时最忌父母没有原则，高兴时就答应，不高兴时就不答应，这样做无法让孩子建立起规则意识，也无法让孩子建立起对父母的信任。

记得有一次，孩子到了规定时间，还在玩游戏。我催孩子的次数一般不超过三遍，一旦超过三遍我就会关掉游戏。那一次我很生气地说："你看，到了规定时间，你还在玩，你怎么能让我们信任你呢？我催你，你难受。我不催你，我难受。从今往后，你不要让我们催你，你自己设置好计时器，到了规定时间，你自己把游戏关掉。"自从孩子自己设置计时器后，我们之间的冲突几乎没有了。这个方法让我联想到管理学中的理念，让员工参与制订规则，会使员工更愿意遵守规则。

培养孩子的自制力时，最忌讳的是父母不能坚守规则，在孩子的哭闹中，有些父母就放弃了原则。如果在孩子小时候，家长能在孩子面前坚守规则，孩子就会将父母的规则内化成自己心中的规则。如果小时候孩子一闹，大人就让步，到了青春期，孩子就会以极端的方式逼迫父母答应自己的要求。到了那个时候，父母肯定会追悔莫及，后悔在孩子小的时候，没有培养孩子的自制力。

三、坚持

（一）真正的坚持是"即使被打断，也从来不放弃"

相信不少成人都有过类似的经历，比方说，一个人准备参加英语考试，于是买来一本英语词汇书，然后制订了一个学习计划，每天背诵一页单词。他刚开始坚持得不错，第一天、第二天、第三天……突然，有一天因为一件要紧的事，计划就被迫中断了。某一天，他又有了雄心壮志，重新拾起书本，又从头开始背诵，背着背着，计划又被打断了，如此循环往复，结果总是对前面的内容很熟悉，对后面的内容很陌生。为什么会这样呢？大家看看下面这张图。

图 1.6　不连贯图形

你能从上面这张图中看到什么？大多数人会将这张不连贯的图形看作"2"。如果我不让你将它看作"2"，你盯着它看时，就会觉得不舒服。格式塔心理学认为，人们倾向于将一些不完整的、无意义的东西识别成完整的、有意义的东西。正是由于人们的这种本能倾向，人们在执行计划时，一旦被打断，就容易放弃计划。其内在动机在于追求完美，人们往往觉得既然没有执行好计划，那就放弃吧！但是，完美真的那么重要吗？

一天背诵 20 个单词，难不难？很多人会说不难。如果一年365 天，每天背诵 20 个单词，一年能背诵多少个单词？

7300 个！

掌握 7300 个单词相当于什么水平？高考大纲要求学生掌握的词汇量约为 3500 个，英语四级考试要求掌握 4000~5000 个单词，英语六级考试要求掌握约 6000 个单词。

我在辅导中学生的时候，经常问："请问你学了多少年英语了？"不少同学回答学了十年。我又问："你现在掌握的词汇量是多少？"很多孩子在这个时候沉默了。

我说："在这十年当中，我们只要拿出一年时间来背诵单词，我们的英语水平就会比现在高不少。"有人可能在心里想："谁能坚持背诵一年啊？"大家都知道"三天打鱼两天晒网"这句话吧。假定我们背诵三天，每天背诵 20 个单词，休息两天，相当于一年当中，用五分之三的时间背诵单词，那么我们能背诵多少个单词？

4380 个！

4380 个也不少啊！用"三天打鱼两天晒网"的方法也能背诵 4380 个单词。不少高中生还在为考试大纲要求的 3500 个单词愁眉苦脸呢！如果能掌握 4380 个单词的词汇量，还会害怕英语考试吗？

请大家仔细想想：这背后到底出了什么问题？

关键就在于坚持！真正的坚持不是每天都干同一件事，而是即使被打断，也从来不放弃。不求完美，但求坚持。一个人只要有时间就专注地做一件事，长此以往，肯定会有收获。

（二）如何帮助孩子养成坚持的品质

自律的含义是约束一个不被鼓励的行为，让个体能克制自己的欲望，朝目标前进。坚持的含义是强化一个正向的、积极的行为，让个体持之以恒地做下去。如何帮助孩子养成坚持的品质呢？

在我家孩子 3 岁左右的时候，我们和孩子一起参加了一个亲子健步行活动。那时候孩子小，只有小跑才能跟上大人的步伐，可是没有想到的是，孩子小跑的速度并不比大人和其他大一点的孩子慢。

在活动刚开始的时候，我们一家三口走在队伍的最后，最终竟然第一个到达终点。从此以后，我们时常用这个小故事鼓励孩子，告诉孩子坚持非常重要，无论起点在哪里，无论速度如何，只要坚持，就能实现目标。这个故事已经深入孩子的内心，一提到"坚持"，孩子就会联想到这个故事，这令我很欣慰。

让孩子坚持做一件事，直至养成一个好习惯，在这个过程中，父母应该做到以下两个方面：

1. 看好不看坏。

2. 顺坡下驴。

就拿培养儿子阅读习惯的故事来说，我曾经在我的 QQ 空间发布过一篇文章——《让孩子爱上阅读》，比较好地诠释了"看好不看坏"的原则。现摘录如下：

让孩子爱上阅读

作为一名心理老师和一个家庭教育推广者，我在面对自己孩子的一些问题时难免会有更多的压力。试想，一个天天指导别的家长解决育儿难题的人，面对自己的孩子时却手足无措，那得多尴尬啊！

现在问题就出现了，孩子迟迟不能独立阅读，怎么办？

身处高校，同事的孩子个个都非常出色，没有压力是不可能的。我的一位同事的孩子，从四五岁就开始阅读，在低年级时就能读大部头的书，到了四年级竟然开始读《相对论》了。这个孩子即使看不懂也不放弃，就问他爸爸："爸，我看不懂《相对论》，我得掌握哪些基础知识才能看懂？"

孩子的父亲说："你需要掌握一些微积分知识。"

"什么时候才能学习微积分？"

"上大学时学习微积分。"

"在这之前我可以看些什么书?"

"你可以看看初中的数学书。"

"爸,那你帮我借一本初中的数学书吧!"

于是,这个孩子便开始读初中数学课本,还要求妈妈给他报奥数班。报名时还要进行考试,要依据考试成绩分层教学。在报名考试中,试卷的满分为 150 分,这个孩子考了 110 分。我同事问我这个成绩怎么样。我不了解考试难度,当时只能含含糊糊地说还可以,毕竟正确率接近 80%。

两天之后,我了解到另外一位同事的孩子也参加了这次奥数班的报名考试。我问她孩子考了多少分。她说 40 多分。那就是说,我那位同事的孩子才上四年级,从没有接受过奥数班的培训,竟然考了 110 分。而这位同事的孩子上五年级,在奥数班学了半年,才考了 40 多分。这是多大的差距啊!

身处这样的环境,我能不焦虑吗?

我多年从事心理学工作,有一颗相对淡定的心。我坚信我的孩子一定会爱上阅读的!我在孩子三四岁时,给孩子买了很多绘本,以便亲子共读。后来又给孩子订阅绘本馆的书,期盼孩子早日独立阅读。可是,上完小学一年级,孩子还是没有开始独立阅读。

但是我坚信一点:只要我坚持亲子共读,自己经常看书,在家中形成读书的氛围,孩子总有一天会爱上阅读的。我不比较,不贴标签,坚持"看好不看坏"的原则,坚信孩子会爱上阅读。在孩子没有出现阅读行为时,我不焦虑,不与他人比,更不会给孩子贴标签,这就是"不看坏"。只要孩子拿起书本,哪怕就是一会儿,我都要肯定、鼓励孩子,这就是"看好"。

记得有一次，孩子刚刚拿起书，我就压低声音对孩子妈妈说："你看，孩子看起书来了，说不定哪一天我们家就会出现一只书虫！"我发现，孩子听到我的话后十分得意。慢慢地，孩子就开始读书了。

有一次，我刚回到家，孩子妈妈在厨房里忙活，孩子坐在沙发上，扶手上有一杯饮料和几块饼干，他的腿上有一本书。孩子看我进来了，得意地说："人生最惬意的事情就是一边看书，一边吃零食！"我笑了，我知道孩子爱上阅读了。

我简单统计了一下，一年当中，孩子的阅读量估计有四五百万字。看来教育孩子真的不能急，需要有牵着蜗牛去散步的心态。教育何尝不是一场暗恋与等待呢？

所谓的"看好不看坏"，就是家长在孩子没有表现出家长期许的行为时，不要急，不要给孩子乱贴标签，不能这样说："这孩子完了，一点都不像我们，一点都不爱看书。"如果这样评价自己的孩子，孩子就有可能真的不爱看书了。在心理学中有个预言的自我实现效应，讲的是一个想法被念叨得多了，就真能实现。这就像我们在生活中常说的"怕啥来啥"一样。所以，当孩子没有表现出我们期许的行为时，我们一定要淡定。但是，当孩子表现出我们期许的行为时，我们就要抓住机会好好地肯定、赞许孩子。逐渐地，孩子的这种行为就会越来越多，直至养成一个好习惯。

【案例】小个子的体育梦

我从小体弱多病，经常患支气管炎，一感冒就喘得像拉风箱一样。到了初一，我是班上最瘦小的男生。我至今都记得非常清楚，我当时身高是 1.27 米，体重是 23 千克。这是一个非常惊人的数字，即使是和一年级的孩子相比，我的身高和体重也没有任何优势。

我刚上初中的时候，学校开始评"三好学生"，评选的要求是德智体全面发展。我的学习成绩和品德都没有问题。体育成绩要求达到 80 分，否则就评不上"三好学生"。记得那时候，被评上"三好学生"能获得 5 块钱的奖励。在当年，5 块钱不是一笔小数目，一个人一个月的工资才 30 多块钱。

一个那么瘦小的孩子，平时又很少参加体育活动，怎么能考出 80 分的体育成绩呢？记得初一第一学期期中考试的时候，体育老师测验引体向上，我被老师抱上单杠，竟然一个都没做成功，那可真像一只青蛙吊在单杠上，垂死挣扎。

可是，我相信自己通过锻炼一定能过关。

我那时候在县城一中上学，晚上还要上两节晚自习。于是，我就利用课间的时间，每天练习单杠和双杠。坚持了半个学期，我的引体向上做得越来越好。期末考试时，我在引体向上的测试中得了 100 分。

当时我的体质很弱，想获得不错的体育成绩，看似是一件很困难的事，却在我的坚持之下，变成了现实，可见坚持有多么重要。

【案例】孩子爱上听评书

2013 年，有一次我感冒了，还坚持上了一次课，没有注意保护嗓子，结果患了声带小结。大夫建议我在一年以内少说话。

可那时候，我家孩子还小，我和他妈妈经常在睡前给孩子读绘本。孩子已经养成听故事的习惯了，睡前一定要听故事。那时候，我想，如果没办法给孩子读绘本，那就给孩子听一些好的音频资料吧。想来想去，决定给孩子听评书。

到底什么内容才能吸引孩子呢？我决定从《西游记》入手。记得有一天，孩子又要我读绘本，我给孩子解释："我不能用嗓子，我们听《西游记》吧。"于是，我播放了单田芳老师讲的《西游记》评书。刚开始，孩子反对，说他不听。我就说："你要是不听就安静睡觉，爸爸听一会儿。"

孩子躺在被窝里，没事可干，慢慢就听进去了。第二天，我给孩子播放评书的时候，孩子就不反对了。久而久之，孩子爱上了听评书。我做了一个统计，截止到 2016 年 8 月，孩子已经听了 1400 回左右的评书，先后听了《西游记》《水浒传》《三国演义》《封神演义》《隋唐演义》《三侠五义》等。更重要的是，在这个过程中，孩子已经爱上听评书了，不听点评书反而不习惯了，上厕所要听，出门前还要下载几集，以备路上听。

其实，孩子并不是每天都在听，但是通过日积月累，还真听了不少内容。

坚持让一切都变得可能！

从上文中可以看出我说的坚持一个行为、养成一个习惯的第二个原则：顺坡下驴。很多父母常常用命令的口气告诉孩子应该怎么做。可是，父母这样做的效果往往不好。如果孩子不遵从命令，父母便重复要求，孩子依然不听，父母就会觉得非常生气，而且束手无策。顺坡下驴，就是给孩子做好铺垫，让孩子开始做一件事的时候，不会觉得那么困难。当孩子逐渐习惯之后，自己就会主动做这件事。

　　我有一个济南同行，她为了给孩子养成听英语的习惯，每天叫孩子起床的时候，就随手按下床头柜上的播音设备，她从来不会叮嘱孩子要好好听。就是这样一个看似漫不经心的行为，却体现了她的用心。有些父母只会和孩子大声说："听力很重要，你多听听英语！"有的父母也会按下播音设备，却总是画蛇添足地加上一句："你要认真听啊！"后面两种父母的行为都无助于孩子习惯的养成，因为这些行为容易引起孩子的反感。好的教育是在不经意间进行，润物细无声，化方法于无形。就这样，我那个同行的孩子慢慢地习惯了起床后就听英语，自己会主动播放英语听力材料。孩子的英语成绩非常好，高考时考入山东大学，后来又在美国留学。

　　为了再次说明自律的重要性，我引用著名作家严歌苓的话作为本节的结束语："我发现这些文学泰斗——无论男女——都具备一些共同的美德或缺陷。比如说，他们都有铁一般的意志，军人般的自律，或多或少的清教徒式的生活方式。"

第三节　比学习更重要的是适应力

　　学习并非生活的全部，在生活中，还有比学习更重要的东西，那就是适应力。一个人如果不能很好地适应所处的环境，则有可能举步维艰。学生对环境适应不良容易导致心理上的不适，影响情绪，进而导致无心学习，成绩下滑，严重时还容易导致人际关系恶化，可能引发校园欺凌。很多父母过度关注孩子的成绩，却忽视了传统文化中的"做人教育"。不成人，谈何成才？

一、"现代版伤仲永"：神童妈妈的忏悔

【资料】神童妈妈的忏悔

魏永康，曾被媒体誉为"现代版的伤仲永"。1983年6月，魏永康出生于湖南省华容县。他的妈妈曾学梅是一个非常爱学习的人，1978年恢复高考时，老师、同学都劝曾学梅参加高考。可那时的曾雪梅已经结婚，错过了人生中最为重要的一次机会。她尽管错过了高考，可是坚持学习，并将自己的一些经验、方法用心地教给年幼的魏永康。在魏永康1岁3个月时，曾雪梅就开始对孩子进行识字教育。

在孩子1岁8个月时，曾学梅带孩子去上班。身边的同事逗孩子玩，说只要魏永康能写出一个字，就奖励给魏永康一粒花生米。没有想到的是，在妈妈同事的鼓励下，魏永康竟然写了七八十个字。围观的人群立刻沸腾起来。魏永康到了2岁左右的时候，就掌握了1000多个汉字。"神童"的称呼就此传开。

后来，4岁的魏永康学完了初中阶段的课程。魏永康只上过小学二年级和六年级。到了1991年，年仅8岁的魏永康进入县属重点中学读书。

从1991年开始，魏永康，这个小县城中的"神童"，被省内媒体发现并进行了报道。"华容神童"进一步升级成了"湖南神童""天才少年"。

魏永康在学习方面的天分和智商确实让人叹为观止。上中学后，他获得了很多奖状和证书，包括湖南省中学生奥林匹克化学竞赛三等奖、全国中学生物理竞赛岳阳赛区一等奖、湖南省中学生奥林匹克化学竞赛岳阳赛区一等奖等，这令他的"神童"之名更加"名副其实"。

1996年，13岁的魏永康以总分602分考进湘潭大学物理系，成为当地年纪最小的大学生。

这个神童的故事貌似顺风顺水，没有想到的是，后来的故事急转直下。

从小时候一直到本科毕业，魏永康都是在母亲的陪读中度过。除了学习，家里的任何事情曾学梅都不让魏永康插手，每天早晨连牙膏都要给他挤好，给他洗衣服、端饭、洗澡、洗脸，甚至为了让儿子在吃饭的时候不耽误看书，魏永康读高中的时候，曾学梅还亲自给他喂饭。她认为只有专心读书，将来才会有出息。

2000年5月，17岁的魏永康以总分第二名的成绩考进中国科学院高能物理研究所，成为硕博连读研究生。读研之后，曾雪梅没有继续陪读。曾学梅并没有意识到会出现什么问题。她觉得儿子那么聪明，很快就能学会的。

但是事与愿违，脱离了母亲的照顾后，魏永康"失控"了。他完全无法安排自己的学习和生活，热了不知道脱衣服，大冬天不知道加衣服……一方面他在生活上不会照顾自己，另一方面他一看起书来，就沉浸在其中，都忘了要参加考试和撰写毕业论文。为此他有一门功课被记零分，没写毕业论文最终让他失去了继续攻读博士学位的机会。

2003年7月，魏永康连硕士学位都没拿到，就被学校劝退了。

"我当时恨不得他死了才好。"曾学梅说。当她来到北京的中科院后，她指着中科院的大楼，让儿子跳楼，还指着旁边车水马龙的道路，让儿子去被车撞死。

魏永康后来离家出走过。最长的一次，整整39天，魏永康用了近500元钱，跑了16个城市，先后去了杭州、宁波、舟山、上海、郑州、茂名、湛江等地，等到他去玉林玩时，他把剩下的钱弄丢了，落了个身无分文的境地。

最后，还是警察将魏永康带回曾学梅的身边。

魏永康的这次出走正是因为挨了母亲的打。她说："是我的错，真的全部是我的错，他的这一段人生错都在我，全部都是我的错。我真是太对不起他了。"

晚年的曾学梅害怕别人问起魏永康的现状。"我不怪他，只怪我自己的教育方法太狠了，对他太狠了。"她后悔自己的所作所为，觉得如果当时能够鼓励儿子，或者不骂儿子那么狠，儿子就不会出现这么多的问题。

写下这些文字的时候，我看了不少有关魏永康的报道。从这些报道中，我感觉到曾学梅为魏永康没有一路高歌而惋惜，为自己在孩子退学后逼得太紧而后悔。

替魏永康高兴的是，我在新浪博客上看到一篇题为《现代伤仲永反转：昔日神童今天大大的幸福》的文章。魏永康在干妈张锦平和爱人付碧等亲人的帮助下，已经回归到普通人的生活，他本人在一家公司上班，膝下有一儿一女，过着幸福的生活。

我认为媒体和公众之所以聚焦魏永康，一方面是因为他早年表现出来的天赋，另一方面是因为后来他被中科院劝退，前后形成的巨大落差制造出了轰动效应。令人欣慰的是，魏永康得到了身边亲人朋友的帮助，迅速回归到了正常的轨道上。

这件事带给为人父母者最大的警醒就是，在促进孩子学业成就的同时，别忘了培养孩子的生活自理能力、与人相处的能力和环境适应能力。落下的功课，孩子迟早都需要弥补。

二、人际适应最重要

每一个生命个体都不能独立存在，总是处在一定的环境中，并与周围的环境发生联系。心理学上曾经有个经典的感觉剥夺实验，观察一个人如果与外界隔绝会产生怎样的结果。

这个实验最早是在加拿大蒙特利尔海勃实验室里进行的。在实验中，参与实验的志愿者处于与外界环境刺激高度隔绝的特殊状态。

在实验中，研究人员给志愿者戴上半透明的护目镜，使其难以产生视觉；用空气调节器发出的单调声音限制其听觉；在其手臂上戴上纸筒套袖和手套，用夹板固定腿脚，限制其触觉。志愿者单独待在实验室里，几小时后开始感到恐慌，进而产生幻觉……

在实验室连续待了三四天后，志愿者产生了许多病理心理现象：

（1）出现错觉、幻觉、感知综合障碍及继发性情绪行为障碍。

（2）对刺激过敏，紧张，焦虑，情绪不稳。

（3）思维迟钝。

（4）暗示性增高。

（5）出现了各种神经症症状。

美国心理学者后续进行的感觉剥夺实验，也说明一个人在被剥夺感觉后，会产生难以忍受的痛苦，各种心理功能将受到不同程度的损伤，经过一天以上的时间才能逐渐恢复正常。

实验说明，一个人的成长和成熟，需要建立在与外界多接触的基础上。只有多和外界建立联系，并加强和改进这些联系，人才可能拥有更多的力量，才能得到更好的发展。广泛联系是激发心理潜能的第一步。

孩子和世界的联系最早发生在家里，建立的第一个人际关系是亲子关系。孩子与主要抚养者之间的关系往往成为孩子未来人际关系的一个模板。所以，孩子的人际关系问题大都源于亲子关系。孩子在成长过程中首先要适应家庭环境，为了生存，孩子会衍生出各种行为模式。孩子的行为模式与父母的教养方式有关，也与孩子的先天气质有关。

适应是一种动态过程，包括改变自我与改变环境两个方面。也就是说，为了拥有和保持良好的适应性，单靠一个方面的改变是不行的，必须在改变环境的同时，相应地改变自己。适应力就是在适应过程中表现出来的心理能量。一方面孩子在适应家长的养育模式，另一方面孩子的气质或行为特征会触发父母不同的反应。

在学校中，孩子面临的两种主要的人际关系是同学关系和师生关系。这两种关系中的任何一种出现问题，都有可能影响孩子的学习状态，甚至导致孩子不想上学。

【案例】同学关系影响学习

有位家长打电话给我，说孩子刚上初一，就不想上学了，她不知道怎么办才好。我问她："从你了解的情况来看，你觉得孩子为什么不想上学？"

她说："我不知道是怎么回事。"

我说："孩子有没有和老师发生冲突呢？"

她很肯定地说："没有！我是老师，我和她的老师很熟悉，他们都对我家孩子很好。"

我说："那她和同学关系怎么样？"

她说："有点不太好。可是这有什么关系呢？我和她说了，她只管上她的学就行，不用管别人怎么说！"

我说："这还不是问题吗？青春期孩子的基本需要是友谊，她更认同同龄群体的价值观和行为准则，需要别人的接纳、认同和理解。"

这位家长的观点具有一定的代表性。这类家长往往以学习为中心，忽视了孩子的需要，察觉不到孩子的情绪，总是喜欢对孩子讲大道理，却不明白，如果父母总是不允许孩子表达情绪，总是不接纳孩子的情绪，孩子就会离父母越来越远。可能到了某一天，孩子做出一些极端的行为，做父母的还被蒙在鼓里。

【案例】我帮孩子处理焦虑情绪

记得在我孩子上二年级的时候，有一天我去接孩子，孩子在路上对我说："今天某某同学使劲压在我身上，还在我肚子上捣了几拳，弄得我很疼。"

我说："什么时候？"

孩子说："在课间的时候。"

我说："你俩打架了？"

孩子说："没有。我们课间做游戏，他追上我之后，把我压在地上，然后用拳头在我肚子上捣了几拳。"

我刚开始的反应是孩子在课间打打闹闹，不要紧。

于是，我就说："不要紧！同学之间玩闹，不知道轻重，磕磕碰碰很正常。"

没有想到的是，在我岔开话题之后，孩子又说了两三回。我意识到我应该对这件事重视起来。

我说："他是不是捣疼你了？你现在还不舒服吗？"

孩子带着哭腔说："是的！"

我说："那我回家和他爸爸说说。你以后要注意，如果他太皮的话，你就离他远一点。"

回家后，我就给这位同学的父亲留言，说了这件事。这个孩子的父母非常通情达理，问孩子现在怎么样了，要不要到医院去看看。

我说："不用。孩子小，玩起来不知道轻重。你和孩子说说，以后注意一下轻重就行。"

没有想到的是，第二天，这个孩子的爸爸说："我昨天好好训了孩子一顿，昨天连晚饭都没让他吃，让他好好反省。"

这位爸爸的做法超出了我的预期，让我觉得挺内疚。这样的家教氛围，或许是孩子皮的原因之一吧。

后来听我家孩子说，在课间他们基本不在一起玩了。

事情就这样过去了。

在这件事上，我差点忽视了孩子的诉求。一开始我并没有在意这件事，在孩子的数次强调下，我最终帮孩子解决了这个问题。有些孩子的负面情绪就是来自同学关系的不和。孩子的情绪好了，他才有可能开开心心地去上学。

一些发生在校园里的欺凌行为，有可能给孩子带来一生的阴影。

【案例】校园欺凌的阴影

小李是我们学校大一的学生，那天过来找我求助。他说，感觉自己上高中时的抑郁情绪又来了，快崩溃了。

我说："上高中时发生了什么事，让你的情绪那么差？"

小李说："我家住在实验高中附近，可是中考时我没有考好，考到了一所离家七八公里远的普通高中，我每天都要骑车去上学。从小到大，我爸妈就喜欢拿我和姑姑家的哥哥做比较。那个哥哥特别会学习，成绩总是排在级部前几名。我的家人特别在乎我的成绩。记得有一次过年，我姥爷喝多了，说到我的成绩时，他拿东西砸我，把我赶出家门。还有一次，全家人准备去姥姥家给姥姥庆祝生日。可是，就因为我没有考好，妈妈不让我去姥姥家。我妈总对我说，她特别在乎成绩，一定要逼我学习！我爸看到我考砸了，好几天都阴沉着脸，家里的空气像凝固了一样。老师，你知道吗？上大学后，我在校园中穿行的时候，看到我们学校楼顶上的'某某大学'几个大字，我就充满幸福！我终于离开家了！"

小李接着说："我在中考时考砸了，父母非常失望，说我考上的那所普通中学里的孩子没有几个是爱学习的，每年没有几个孩子能考上大学。听了这些话，我很难受！到了那所普通高中，我看不起周围的同学。我没有关系好的朋友，总是一个人独来独往。有一次，我旁边的一个同学不学习，一直用手敲桌子，影响我学习。我就冲着那个同学说：'你能不能别敲！'没有想到的是，和这个同学关系特别好的另一个同学看不过去，关上教室的门和窗，把我暴揍了一顿。我吓坏了，不敢还手，他一直揍我，身边没有一个同学拉架。"

说到这里的时候，小李哭得泣不成声。

他接着说："我感觉天都塌下来了，周围都是一片灰色。我不敢去上学，也不敢看手机，生怕看到班里同学的留言。我在家里啥事都做不了。我本来想看电视，来转移自己的注意力。可是，我发现，就连电视遥控器我都觉得有千斤重，我感觉两手无力，竟然拿不起遥控器。接连好几天，我都不想去上学。"

我说："你爸妈没有去处理这件事吗？"

小李说："老师跟我爸说了，这两个同学的父母都不在身边，谁都管不了他们。我爸妈听了，只说让我坚强。我还是不敢去上学，只想待在家里。后来，妈妈看到我这个样子，吓坏了。她知道我和初三的班主任关系不错，我愿意和他说心里话，就带我去见这位班主任。我的初三班主任和我住在同一个小区，但我妈不知道班主任具体住在哪里，就在小区门口等，有一天终于在门口等到了班主任。初三班主任听说我的事后，就宽慰我。我不愿意去上学，他就带着我跟着他去上课。在老师的宽慰下，我心里好受多了。事情过去了好多天，我才回去上学，但心里还是害怕。

"到了大学之后，我感觉好多了。我一不学习就浑身难受，而宿舍的同学都不爱学习，他们经常在宿舍里联机打游戏，声音非常大。我不愿意在宿舍里待着，经常在外边学习，累得不行了，才回宿舍。他们有时候半夜还在玩游戏，还不用耳机，声音很大。他们突然吆喝一声，我就被吓得一哆嗦，就会从梦中惊醒，经常睡不好。有一次，我实在忍不住，就说了他们。有一位同学就要冲上来打我，我吓坏了，又想起高中的那件事，导致我最近情绪一直不大好，和高中那时候差不多。"

从小李的这件事来看，校园欺凌确实非常令人可气，给当事人造成了巨大的阴影。到了大学，类似的情境一出现，当事人就又被抑郁的情绪侵袭。不过，仔细分析一下，出现这种局面和小李平时看不起同学，没有人缘有一定的关系。

在后续的咨询中，我了解到，小李在上高中时没有朋友，还看不起成绩差的同学，不愿意和他们交往。如果小李平时人缘不错，或许别人就不敢那么肆无忌惮地伤害他了，其他人就不会袖手旁观，或许在小李被欺负时就会有人拉架。孩子没有人缘的一个原因是父母过度灌输学习至上的观念。

三、系列大学生犯罪案件的背后

【资料】马某某杀人案

马某某（1981年5月4日至2004年6月17日），男，汉族，广西宾阳人，云南大学生化学院生物技术专业2000级学生。

马某某1996年至1997年在宾州初中读初三，以优异的成绩考入重点中学——宾阳中学；1997年至2000年就读于宾阳中学，成绩优异，曾获得全国奥林匹克物理竞赛二等奖，被评为"省三好学生"称号；2000年至2004年就读于云南大学生化学院生物技术专业。

马某某在2004年2月13日晚杀1人，2月14日晚杀1人，2月15日再杀2人，后从昆明火车站出逃。2004年3月1日，他被公安部列为A级通缉犯，3月15日在海南省三亚市河西区落网；2004年4月24日被昆明市中级人民法院依法判处死刑，剥夺政治权利终身；2004年6月17日被依法执行死刑。

在《江南都市报》2004年3月18日的一篇报道中，记者采访马某某的姐姐，马某某的姐姐认为弟弟总处不好人际关系。"如果在案发前，和他联系较多的同学、老师能多和我的家人联系，我弟弟就不会走到这一步。我弟弟很重视家庭亲情。如果我们早知道，劝劝他就好了！"

马某某的姐姐至今保留着弟弟当年的一封来信，信中写道："姐姐，我很不愉快，有委屈不敢说。比如，我在教室里踢球，就会有同学说我不爱护公物，我听了脸热热的，很想吵架。另一个人也在教室里踢球，为什么他们不说他？""我的同桌是成绩名列全班第一的三好学生，他总喜欢引起女孩的注意，说'谁动了我的东西'，就是在骂我……我想打什么、杀什么，可我没理由……女孩子为什么这么'善良'，配合他笑？""姐，我换位置了，但我仍想不通，为什么我不会处理人际关系？"

【资料】药某某案件

药某某，西安音乐学院大三学生。2010 年 10 月 20 日深夜，药某某驾车撞人后又将伤者刺了八刀致其死亡，此后驾车逃逸至郭杜十字路口时再次撞伤行人，逃逸时被附近群众抓获，后被公安机关释放。

2010 年 10 月 23 日，药某某在其父母陪同下投案。2011 年 1 月 11 日，西安市检察院以故意杀人罪对药某某提起了公诉。同年 4 月 22 日，西安市中级人民法院一审宣判，以故意杀人罪判处药某某死刑，剥夺政治权利终身，并赔偿被害人家属经济损失 45498.5 元。5 月 20 日，陕西省高级人民法院对药某某案进行了二审公开开庭审理并宣判，依法裁定驳回上诉。2011 年 6 月 7 日上午，药某某被执行死刑。

【资料】复旦投毒案

复旦投毒案，是指 2013 年 4 月上海复旦大学上海医学院研究生黄某遭他人投毒后死亡的案件。犯罪嫌疑人林某某是受害人黄某的室友，投毒药品为剧毒化学品 N-二甲基亚硝胺。

2014 年 2 月 18 日，上海市第二中级人民法院一审宣判，以故意杀人罪判处被告人林某某死刑，剥夺政治权利终身。2015 年 1 月 8 日，上海市高级人民法院终审维持原判。

2015 年 12 月 11 日，林某某被依法执行死刑。

央视记者采访林某某时，询问其动机，他竟然说是因为看不得黄某在 3 月 31 日开玩笑说要在愚人节整人。两人平时交情一般，并无宿怨，林某某竟然能做出这样的事来，说明他缺乏对生命的敬畏，缺少最起码的同理心。

【资料】故意残害动物事件

2011 年 1 月 29 日和 2 月 23 日，清华大学机电系四年级学生刘某某先后两次用火碱、硫酸将北京动物园的五只熊烧伤，导致其中一只黑熊双目失明。这一故意残害动物的事件经媒体披露后，引起了公众的强烈愤慨。同时，"高才生为何会犯如此低级的错误？一个'好学生'为什么没有成为一名好公民？"的疑问引发了社会各界广泛的讨论与深入的思考。

这些事件之所以成为社会关注的焦点，是因为社会大众对大学生有较高的期许，在接二连三的极端事件发生后，自然会引发"大学生究竟怎么了？"的热议。

"马某某事件"发生之后，作为一名高校心理老师，我经常会遇到一些学生来心理中心诉苦，抱怨宿舍中有一位同学像马某某。我都会问他们做这样的判断的理由是什么。这些同学都会说，那个舍友贫穷、沉默寡言、性格怪异，和马某某一样。学生可以向老师提供一些信息，老师可以多关注这些特殊学生，主动帮助他们。但是，千万不要像抓特务一样，因为身边同学有类似的特征，就孤立他、疏远他，更不能冷落他、欺负他。与人为善，是放之四海而皆准的处事原则。

记得我上大学的时候，六个人住一个宿舍。刚上大学的时候，大部分同学的家庭经济困难。为了节省，我们宿舍六人就分成两组，三个人打两份菜。大家吃得热火朝天，并没有觉得有多苦。直到后来我才知道，我们宿舍有一位同学的家境不错，父母都是省会城市三甲医院的主任医师，以他家的经济条件，根本不用和我们一样节俭地过日子。可是，他从来不说什么，我们怎么样做，他就怎么样做。他的人品给他带来了福报，他是我们班的第一个党员。毕业后，他被分配到了省委宣传部工作，现在在工作岗位上干得很不错。

我特别想提醒当代大学生的是，一定要注意人际关系的和谐。自从我 2003 年回到高校工作，我们学校一直用症状自评量表给大一新生做心理健康筛查，"人际关系敏感"几乎每年都排在 10 个因子的首位。

从这个角度来看，当代大学生的人际关系问题是一个非常突出的问题，这个问题成为很多学生的困扰。记得"马某某事件"发生后不久，我们学校有一个同学自杀未遂，气氛立刻紧张起来。作为老师，我们的压力陡然大了不少。

某天，我校的一个同学一整晚既没有回宿舍，也没有请假，不知道去哪里了。当时，学校分管领导让我尽最大努力避免极端事件的发生。学院派了好多学生去寻找，都没有找到那名同学。

我想："既然来了，我就先和那位同学的舍友聊一聊，了解一点情况。"没有想到的是，这几个同学刚坐下来，就异口同声地问我："你是否能代表校方？"

我说："我代表不了校方，但是，你们可以把你们的想法告诉我，我再转达给校方。你们有什么诉求？"

这些同学说："凭什么让我们和他住在一起？我们强烈要求他搬离这个宿舍。"

我说："他究竟做错什么了，让你们这样对他？"

没有想到的是，这几个同学像开批斗会一样，数落这个同学的不是。

当他们说完之后，我说："好了，我了解了这个同学的不足。接下来，你们能说说这个同学好的一面吗？"

沉默！沉默！最终他们都没有说出那位同学的任何一个优点。我当时特别难过。为什么同学之间要搞得那么对立呢？其实，同学之间的矛盾都是由日常生活中的琐事积攒起来的。由怨生恨，就有可能酿成极端事件。庆幸的是那位同学不是一个攻击性强的孩子，他遇到困难后只会选择逃避，否则后果不堪设想。

四、人际适应的基础是同理心

早在两千多年前，孔子就说过："己所不欲，勿施于人。"这句话非常精辟地概括了人际适应的精髓——同理心。其实，情商的内核就是同理心，也称为共情能力。

【案例】一个高情商的四年级小男孩

一个人的人缘好坏，很大程度上取决于他是否有同理心。我家孩子上一年级时，我带着孩子去北大参加亚太机器人大赛。因为我家孩子小，我们夫妻俩就跟着参赛团队同行。一些中高年级的孩子没有父母陪伴，在老师的带领下参加比赛。

在动车上，我注意到团队中有一个四年级的男孩，他没有父母陪伴。这个男孩只要买了饮料或零食，就会主动对带队老师说："老师，您尝尝吧！"他也愿意和同学分享食物。当时，我觉得这个孩子情商挺高，就留心观察他的表现。

到了北大体育馆，开始进行比赛，大家对周围环境都比较陌生，不知道到哪里买水喝。我爱人看见这个孩子拿着一瓶矿泉水，就上前问他："小朋友，你是在哪里买的水？"

男孩说："阿姨，你走出体育馆，往右拐，再……"

我爱人有点晕，一脸迷茫。

男孩看出我爱人的迷茫，马上说："阿姨，我帮你去买吧！"

我站在一旁，感到很惊讶，这个男孩虽然年龄很小，但是特别会说话，每句话都能说到人的心坎里。我自叹不如！后来，我还特意问带队老师这个孩子来自一个怎样的家庭。原来孩子的父母都是公务员，而且他们在单位干得都不错。看来，家庭教育是很重要的。

情商的核心是情绪管理能力。就个体而言，就是识别情绪、表达情绪和管控情绪的能力。也就是说，拥有高情商的人能觉察到自己产生了哪种情绪，有了情绪之后知道如何恰当地表达，并且知道什么时候可以表达出来，什么时候不可以表达出来。高情商在人际交往中的表现是，能觉察到别人的情绪，并能给予准确、温暖的回应，让对方很舒服。更高一级的情商的表现是能带领他人去做一件事，实现一个宏伟的目标。

其实，人生来就有怜悯之心。小孩子看到别的孩子哭的时候，也会跟着哭起来。这就是同理心，是共情能力的基础。有些孩子长大后，会发展出很好的共情能力。而有些孩子缺乏最起码的同理心，不能换位思考。

【案例】一位智慧母亲的情绪控制术

我同事的孩子通过自主招生升入一所重点高中。这个孩子各方面的表现都很优异，初中三年的成绩一直排在级部前五名，上重点高中是水到渠成的事。我是我们学校家庭教育促进会的负责人，我便邀请这位妈妈给同事分享一些育儿经验。这位妈妈讲的一件小事让我印象极深。

她说，孩子在青春期的时候，和别的孩子一样，情绪化比较严重，对父母不是很有礼貌。有一次，不知道孩子为了什么事，朝她凶起来。其实，她当时很生气，只是忍住了。当孩子平静下来的时候，她对孩子说："孩子，刚才你这样冲我发火的时候，我心里好难受！"

孩子愣了一下，没有作声就回房间去了。虽然孩子没有当面认错，可是她发现，孩子下一次发火的时候，声音明显小了不少。

这虽然看起来是一件很小的事，可是我惊叹于这位同事的无师自通，她确实是一位好妈妈。大部分父母在和孩子的沟通过程中，喜欢和孩子讲道理，却不明白道理说多了效果反而不好。

　　一些家长从小就对孩子灌输各种道理，孩子早就听得滚瓜烂熟了。等孩子大了之后，家长还没有张嘴，孩子就会说："你别说了！我闭着眼睛都知道你要说什么。"孩子的话让家长干瞪眼。有些父母动不动就朝孩子发火，经常批评指责孩子，用这样的方式教育出来的孩子不是退缩、内向，就是很容易和别人抬杠，引发人际冲突。

　　当上面这位妈妈将自己的感受表达出来的时候，孩子才会意识到自己的言行会带给对方怎样的感受。用这样的方式教育出来的孩子，更能够察觉到别人的情绪，更有同理心，知道哪些话可以说，哪些话说出来会伤人。

　　在亲子沟通中，如果父母能接纳和处理孩子的情绪，教会孩子识别自己的感受，并将感受正确地表达出来，就能帮助孩子提高情商。

　　在生活中，有些父母很少关心孩子的情绪和感受，常常给孩子讲大道理，评价孩子的行为。药某某的母亲说："我最后悔的一件事就是，我没有机会去问药某某'你为什么要动刀子'，我不知道我的教育在哪里出了问题。"

　　从报道中，我们能看出药某某父母在家庭教育方面的一些不足：首先，他们管教孩子非常严苛，如果药某某在弹琴时弹得不好，父母就敲他的手指，甚至把他关在地下室，药某某经常有自杀的想法。

　　其次，他们不允许孩子犯错。用药某某的话来说，小的时候，只要他跟小朋友发生冲突，无论对错，无论他是否在理，他都要挨罚。甚至在小学时，别的同学欺负药某某，要求药某某背着他，不然就要给他一元钱。学校老师把这件事告诉药某某的父母时，药某某的父亲竟然对孩子说："你自己看着办。"作为军人，父亲给孩子提了不少要求，在情感上却很少和孩子互动，药某某在家很少说话。

临刑前，药某某要求捐出自己的眼角膜，他父亲竟然说："你把你的所有罪恶都带走吧，别留在这个世界上。"孩子最后的一个遗愿，就这样被父亲拒绝了。

一个常被教导不能犯错的孩子会特别害怕犯错。一个人在面临危险的时候，脱口而出的是"我的妈啊"，这个直接的本能反应说明一个人在无助的时候，最希望寻求父母的帮助。可是，药某某交通肇事后，没有找父母，也没有找警察。这说明药某某特别害怕犯错。当药某某描述他的犯罪动机时，曾经说："撞到了农村人，怕农村人难缠！"我认为，这句话的实质并不是看不起农村人，或者是对农村人有成见，而是怕"难缠"。

也就是说，在药某某的内心深处，最大的恐惧是怕给父母惹麻烦。其实，人就是在不断犯错中成长起来的。常被教导不能犯错的孩子，在面对错误时是非常恐惧的。这种恐惧有可能让自己走上不归路。

药某某的母亲在访谈中一直说："我不知道孩子心中有那么多苦，不知道孩子为什么不说。"其实，问题的根源就在于父母和孩子缺乏情绪层面的沟通，孩子的情绪没有表达的渠道，久而久之，孩子就会离父母越来越远。而且，缺乏情绪、情感流动的亲子沟通，还容易让孩子缺少同理心。如果药某某有同理心，最起码会对生命有所敬畏，不至于动刀子。

第五章

五个环节：预习、听课、记笔记、复习和写作业

学习的五个环节

对于孩子而言，学习方法就好像是"最熟悉的陌生人"。有些学习环节或学习方法都是孩子们司空见惯的，可是不见得人人都能用好。比方说，老师下课前经常会说："同学们，回家以后把将要学习的课程预习一下。"这是大家都很熟悉的话语。可是，孩子们真的知道该怎么预习吗？真的会听课、记笔记、复习、写作业吗？仔细想想，估计没有几个人能很确定地说自己做得很好。

【案例】几次电话辅导产生了奇效

我是江西赣州人，远离家乡在外谋生，有时会接到家乡亲朋好友的求助。因为远隔千里，我只能通过电话辅导孩子。

主动揽下辅导任务

这个案例中的求助者是一个我特别要好的同学，远在江西安远老家。需要辅导的不是他的孩子，而是他的外甥。他的外甥第一次参加高考，考得不理想，考了 460 分，刚够第三批本科的录取分数线，于是打算复读一年。听到这件事后，我让他的外甥给我打电话，我在电话里告诉他一些心得。

孩子各方面情况的初步分析

我从来没有见过这个孩子，从通话中我能感觉到他是一个内向腼腆、老实听话的男孩。这个孩子的优点是容易将别人的话听进去，而且执行力不错。在复读期间，我和孩子约好时间，然后在电话中进行辅导。我们通了 6~7 次电话，我能感觉到孩子在一步一步地扎实前进。

辅导成效

在每一次通话中，孩子都会告诉我最近考试的情况，他一直都在进步。如果孩子存在情绪问题，我就给孩子一些指导；如果孩子的情绪不错，我就给孩子讲一些学习方法。高考后，我的同学告诉我，他的外甥考了 536 分，差一点就达到第一批本科录取分数线，他姐姐全家都特别高兴。后来，这个孩子每年都会在节假日给我发祝福短信。前一阵，孩子又给我发了祝福短信，并且告诉我，他已经走上了工作岗位，当了一名医生。

本次辅导总结分析

之所以我能成功地辅导这个孩子，是因为这个孩子的执行力特别强。其实，如果孩子不将我的建议付诸行动，就是再好的学习方法也无济于事。就像胸前挂着一张饼的懒汉，如果连低头咬一口都不愿意，就是神仙也帮不了他。在本章谈到的预习、听课、记笔记、复习和写作业这五个学习环节，是司空见惯的学习行为，可是不少同学完成得并不到位。就像金庸小说中说的那样，高手之所以能成为高手，不是因为他们的招式多厉害，而是因为即便是普通的招式，他们也能练得出神入化。

第一节 未雨绸缪：预习

一、如何预习

根据我这些年的辅导经验，我发现，在预习、听课、记笔记、复习和写作业这五大学习环节中，预习和成绩的相关度是最低的。很多同学并没有意识到预习的重要性。

古人云：凡事预则立，不预则废。预习是指在老师上课前提前学习新内容。因为预习属于自主学习，所以，如果孩子经常进行预习，孩子的自学能力就能慢慢得到提高。现如今，不少孩子离开了老师就不知道该怎么学习，孩子自己不愿动脑筋，自主学习能力得不到锻炼，甚至习惯了被安排，时间管理能力也比较差。

要想做好预习，首先一定要思考两个问题：每个学科的主要内容是什么？为什么要学习这些学科？有了答案之后，孩子更愿意主动预习，在预习过程中就能做到有的放矢。

比方说，我们为什么要学英语？其实，我们之所以要学习英语，是因为英语是当今世界上使用最为广泛的语言，学习英语便于进行国际交流。

同理，我们之所以要学习语文，是因为汉语是我们重要的交际工具和信息载体。学习语文有助于继承中华民族的优秀文化，增强民族文化认同感。同时，学好语文可以为学好其他学科打下基础。比方说，做数学题时，如果连读题都读不懂，何谈解题呢？

英语和语文都属于语言学科。语言的作用在于交流，对口语表达的要求是"你能听得懂我说的话，我能听得懂你说的话"；对书面语言表达的要求是"我能读懂别人写出来的内容，对于我自己想表达的内容，我能表达得很好"。为了能够"读（听）懂"和"表达"，首先要掌握词汇，其次要掌握将词汇串成句子所用到的语法规则，再次要学习修辞与表达，最后要进行阅读理解训练和作文训练。一旦搞明白了学习英语和语文的要求，预习就变得非常简单了。我曾对我家正在上小学的孩子说，英语和语文的预习包括三个步骤：扫雷、排雷和夺宝奇兵。

1. 扫雷

扫雷是指通读一遍课文，看看有哪些尚未理解的词汇，把这些词汇标注出来。这里特别要注意的是，每一篇课文后面都有词汇表，列出了在这篇课文中出现的新词汇。标注词汇时要实事求是，即便有些词没有被列入词汇表，如果做不到会认、会读、会写这些词汇，就得将它们标注出来。这些词可能是以前学过，但是现在忘了、没有掌握的词，正好可以借助预习将其掌握。

2. 排雷

在第一步中，将不理解的词汇标注出来，这样就知道"雷"埋在哪里。如果不排除掉这些"雷"，就会埋下隐患。所以，第二步就需要将"雷"排掉。排雷是指借助工具书，首先将词汇的拼音或音标标注上，要能把词汇读出来；其次在学完本课内容之后，要能把词汇默写出来；最后要能理解词汇的含义。

3. 夺宝奇兵

夺宝奇兵是指要掌握课文中的好词好句，要把好句子、好段落，甚至整篇文章背诵下来。如果能做到融会贯通，能进行仿写、改写、扩充、缩写就更好了。

二、各学科分析与预习重点

（一）语文、英语学习分析

其实，学习语文和学习英语有些类似，都是学习语言，只不过一个是学习母语，另一个是学习外语。因为中文是母语，学生的口头交流很顺畅，所以在语文考试中，不会考查口语和听力，但对阅读理解能力和写作能力的要求很高，两者在考卷中占的分值都很高。在预习语文时，要注意训练阅读理解能力，把握课文的中心思想和段落大意。

学英语和学语文的区别在于，学英语不像学母语那样，有良好的语言环境。缺少语言环境，学习者就很难形成良好的语感。所以，在学习英语时，可以主动营造英语环境，在生活中经常使用英语。

（二）数学学习分析

数学是研究数量、结构、变化、空间以及信息等概念的学科。数学来源于生活，生活离不开数学。数学与人类文明一样古老，有文明就一定有数学。数学在其发展的早期就与人类的生活及社会活动有着密切的关系，通过狩猎得到的猎物需要分配，食物、生产工具、生活用品需要交换，土地需要丈量，建造房屋、兴修水利、编制历法等等都离不开数学。

当今社会，数学已经深入人类知识体系的所有领域。数学对社会发展的重要影响，一方面说明了数学在社会发展中的地位和作用，另一方面强调了在未来社会中，社会的主体——人在数学方面应具备较高的素养。

我们把小学阶段和中学阶段所教的数学内容称为初等数学。

而高等数学是由微积分学、代数学、几何学以及它们之间的交叉内容所形成的一门基础学科。初等数学是高等数学不可或缺的基础，高等数学是初等数学的延伸和提高。

如果一个人在中学阶段没有掌握好数学知识，没有打下扎实的初等数学基础，就很难学好高等数学。若没有学好高等数学知识，又怎么能学好相关的专业知识呢？如计算机专业、土木专业、机械专业、会计学、统计专业、金融专业、经济管理专业等，这些专业都要求学生掌握较多的高等数学知识。所以说，数学是自然科学的母科学。

数学教育的意义不仅在于知识的传授，还在于对人的能力与思维方式的影响，如培养学生的科学精神、探索精神与创新精神等。很多人觉得数学没有用，是因为他们只看到了知识的传授，而没有看到数学对人的重要影响。

当学生走上社会后，或许不再需要解二次函数，不再需要解方程式，但是学生在学习数学的过程中学习到的思考能力、逻辑能力以及推理能力，会伴随学生终生。

数学学习的重点在于熟练掌握公式、定理、公理等，知晓公式、定理的推导过程，并能熟练应用这些公式、定理。

（三）物理、化学、生物学习分析

物理、化学、生物属于自然科学。我们为什么要学习这些学科？它们究竟有什么用？

物理学是研究物质运动的一般规律和物质的基本结构的学科。化学是在分子、原子层面上研究物质的组成、性质、结构与变化规律以及创造新物质的学科。生物是研究生物的结构、功能、发生和发展的规律以及生物与周围环境的关系的学科。从这三个学科的基本概念来看，它们有个共同的地方，都是研究规律。

为什么要研究规律？研究规律能给我们带来什么？规律是指自然界和社会诸现象之间必然、本质、稳定和反复出现的关系。它是事物之间内在的必然联系，决定着事物发展的必然趋向。如果掌握了规律，就能把握事物的本质和发展方向。

掌握规律有助于我们描述、解释、预测和控制事物的发展方向。比方说，水被加热后会变成水蒸气，水蒸气液化后就变成水。这是生活中的物理现象，体现了水在不同形态之间转换的规律。通过学习，我们便能掌握这些规律。

掌握这些规律有什么用呢？比方说，妈妈在烧水时，看到水蒸气冒出，你就可以描述、解释这一现象。妈妈出门前，叮嘱你等水开了就关火。妈妈的这一行为，说明她能预测将水加热后会发生的变化。当出现长时间干旱的时候，人类会依据水的变化规律，采取人工增雨的办法来缓解旱情。人工增雨就是人类掌握水的三态变化规律之后主动采取的控制行为。以上这些行为说明了人类掌握科学规律的重要性，它能让我们把握事物的内在联系和发展方向，能让我们在具体的生活、生产实践中，运用这些规律来克服困难，改善人类的生存状态。

人类是如何掌握这些规律的呢？几千年来，人类是在生产和生活实践中不断探索出自然规律的。尤其是在进入工业社会后，自然科学得到了快速发展。如果我们还处在农耕社会，社会成员主要是农民、手工业者和商人，学校里的教学内容还会那么复杂吗？根本不需要。

现代社会，随着劳动分工的精细化、专业化，个体需要具备丰富的专业知识和技能。

自然界存在一种现象，越低等的动物，从出生到具备独立生活的能力所需要的时间越短。高等的动物离开母体后，需要更长的时间才能独立生活。人类是地球上最高等的动物，人类离开母体之后，要用 10~20 年的光阴来学习，最后才能独立生活。在中学里学到的物理、化学、生物等知识是将来进行专业学习的基础。比如说，如果你连电脑键盘都不熟悉，那怎么能做"码农"（指从事软件开发的人）呢？

所以，理综各科的学习重点在于对规律的把握，也就是对概念、定理的掌握，以及定理在生活、生产中的实际应用。

（四）历史、地理、政治学习分析

历史、政治属于社会科学，和自然科学一样，也蕴含着一定的规律，只是没有自然科学规律那么明显。学习历史可以让我们了解人类社会的发展规律，遵循这些规律，我们就可以尽量避免前人曾经犯过的错误，吸取经验和教训。

正所谓"读史可以明智"。作为一名中国人，通过学习历史，我们可以了解中华民族从哪里来，学习国外一些发达国家是怎样发展壮大起来的（推荐大家看看纪录片《大国崛起》），我国在世界大舞台中处在什么位置，具有哪些优势和劣势，中华民族怎样才能实现强国梦。在研究历史的过程中，我们可以审视现在，展望未来。

喜欢看历史故事或历史剧，只能说明你对历史感兴趣。学好历史的关键在于要将这些历史故事放在当时的历史背景下进行思考，而不是依据当下的背景去看。你能不能客观公正地看待历史人物和事件？你是否通过了解各种历史事件学到了很多道理，给现实生活以启示？我们常说，吃一堑，长一智。历史就像一面镜子，我们可以从中获取经验和教训。学习历史，既可以使个人得到启发，也可以使执政者遵循历史规律，让国家变得繁荣昌盛。

在预习历史课文时，需要关注的重点是历史背景、事件的发展和历史意义。

地理学科是研究地理环境，以及人类活动与地理环境之间的关系的学科，所涉及的范围包括人类生活的各种环境，如自然环境与人文环境等。不同的地理要素在地球表面构成了不同的空间分布状况，它们共同作用的结果使得各地区的自然环境以及人类活动具有明显的地域性和综合性。通过学习地理，我们可以进一步熟悉我们的生活环境，了解我们赖以生存的地球。

政治学科包含的知识种类较多，有思想品德、政治生活、经济生活、文化生活等。地理学科研究的是人所处的自然环境，而政治学科研究的是人所处的社会环境。因为二者和我们的生活息息相关，所以有必要对其有所了解。

三、预习要有方向

搞明白"学什么"的问题，有助于我们在预习过程中找到方向。比方说，在学习理科知识时，我们首先要善于观察，发现身边的一些现象。其次要思考这些现象的本质规律是什么。

比方说，声音是怎么产生的？为什么有些声音是悦耳的，有些声音属于噪声？哪些声音是人听不到的？声音是怎么传播的？它传播的速度有多快？人类应如何利用声音促进自身的发展？理科的学习重点是对概念、公理、定律、公式的掌握以及对知识的灵活运用。

学习文科知识时，以历史为例，我们要关注历史事件发生的历史背景。究竟是什么导致了某一事件的发生？该事件发生的经过是怎样的？它的历史意义是什么？通过学习历史，我们可以以史为鉴，避免重蹈覆辙，也可以在前人智慧的基础上，开创未来。

四、预习的重要原则

1. 不见得每科都要预习。现在学生的学习任务挺重，不可能做到各科都预习。

2. 对弱势学科的预习更重要。对于优势学科的预习远不及对于弱势学科的预习重要。对于一些学习起来有困难的科目，一定要预习。通过预习，找到本章节中与之前所学内容相关的、自己没有掌握好的内容，将问题解决，长此以往，就能提高成绩。

3. 预习分为大预习、中预习和小预习等三种。小预习一般是指预习第二天要学习的新课。中预习一般是指利用周末、假期预习某一章的知识。大预习是指利用寒暑假预习下学期将要学习的课程。针对目前学生学习任务重的实际情况，建议大家强化一下大预习或中预习。尤其是可以利用思维导图做大预习，效果非常好。

第二节　重中之重：听课

在五大学习环节中，听课是最为重要的环节。学生学习以课堂学习为主，抓好了课堂学习就抓住了学习的命门。

听课的核心要素在于听。听是一种能力，如果不会听，或者做不到专注地听讲，就失去了学习的好机会。我经常辅导孩子，非常在乎孩子听课的能力。

记得有一年，一个高考考了 680 分的孩子，自己坐车来到青岛，找我咨询填报高考志愿的事。我给她做了志愿填报测评之后，就和她聊了一阵。咨询结束之后，我回到办公室，迫不及待地和同事分享刚才的咨询情况。我说难怪这个孩子的成绩那么好，在和我聊天时，她听得非常专注，生怕漏掉了一句话。

我发现，成绩优异的孩子有一个共同的特点，那就是会听课，可见会听课的重要性。

我经常去做家庭教育讲座，平时我的讲座还是比较受欢迎的，绝大部分家长听得比较专注。可是有一次例外，那就是到某个职业高中给家长做家庭教育讲座。我发现大部分家长没有在专注地听，这是非常少见的。

我当时想：讲课的人没有变，内容也没有变，为什么会有那么大的反差？那就只有一种可能，就是这些家长的听课能力不是那么强。这些家长在亲子互动中倾听的质量到底高不高呢？亲子互动的质量不高，是孩子成绩不理想的原因之一。

在咨询中，我就遇到过这种情况。记得有一次，一位父亲领着一个高一的男孩前来咨询。在咨询过程中，我发现我的话总是被孩子打断。这是我很少遇到的现象。

在咨询结束的时候，我问这位父亲："在你们家，是不是你们三个人中没有一个人能把话好好说完，总是会被打断？"这位父亲说："是这样。"所以，有些家长问我为什么孩子在上课时不能专心听讲，我想请家长审视一下自己的亲子互动质量，看看自己在亲子互动中是否做到了倾听。

作为一名咨询师，最重要的基本功之一是倾听能力。我长期从事这份工作，很注重倾听，不喜欢辩论。我常常觉得倾听比雄辩的效果更好。

想要听课效果好，必须做到"五到"

想要听课效果好，必须做到"五到"，即心到、耳到、眼到、手到、口到。

宋代大学者朱熹曰："余尝谓：读书有三到，谓心到，眼到，口到。心不在此，则眼不看仔细，心眼既不专一，却只漫浪诵读，决不能记，记亦不能久也。三到之中，心到最急。心既到矣，眼口岂不到乎？"

意思是：读书有三到，就是心到、眼到、口到。如果我们没有把心思用在读书上，就不会仔细地看书。既然思想不集中，就只能随随便便地诵读，绝对记不住，即使暂时记住了，也记得不长久。三到之中，心到最重要。既然心已经到了，眼睛和嘴巴难道还不会到吗？

朱熹认为读书有"三到"，我们要求听课要"五到"。

（一）听课时要"心到"

"心到"是"五到"中最为重要的一环，也就是我们常说的专注。"心到"的意思是在听课时，学生将自己的注意力集中在听课这件事上，心无旁骛，紧跟老师的思路。

一般来说，老师在刚开始上课时会对这堂课所讲的内容进行概括，然后会将具体的内容展开讲，最后会总结这堂课的内容，梳理知识点。会听课的孩子只要掌握了这个规律，就能抓住要点，而且能在老师的启发、引导下，发挥主动性，不断进行思考，获得较好的听课效果。

（二）听课时要"眼到"

"眼到"是指学生的眼睛要追随老师，注视老师的动作、板书等。能否做到"眼到"是评估学生是否用心听讲的一个重要指标。如果学生上课时能够专心听讲，目光能一直追随老师，那么老师自然就能觉察到听课者的用心，会不时地与认真听讲的同学进行眼神的交流。

（三）听课时要"耳到"和"手到"

"耳到"和"手到"是两个相辅相成的环节。"耳到"是指将自己的听觉集中在老师的表达上。"手到"强调的是做笔记这一环节，要求学生知道老师讲了哪些知识，哪些知识是课本上提到的，哪些知识是课本上没有提到的，课本上没有提到的重点难点都是记笔记时重点要记的内容。当我们觉得自己在课堂上开始走神，难以做到专注时，可以通过记笔记使自己集中注意力。

（四）听课时要"口到"

"口到"体现在两件事上，一是能积极回答老师的各种问题，即便不举手，也要在心里回答；二是要不耻下问，要有空杯心态，遇到不懂、不明白的问题要及时问老师。老师一般都喜欢好学、上进的孩子，不懂就问是一种好品质。

第三节　好记性不如烂笔头：记笔记

俗话说："好记性不如烂笔头。"这句话一针见血地指明了人类记忆的局限性。即使记忆力再好，人也容易忘记所记的内容。只有把需要记住的材料记录在笔记上，我们才可以在需要的时候随时反复阅读强化。

课堂学习也是如此。一堂课的时间一般有 45 分钟，按照老师的平均语速为每分钟 200 个字来计算，老师在一堂课上大约讲 9000 个字。学生不可能将老师讲的所有内容都记下来，所以需要准备一个笔记本，将老师在课堂上所讲的内容整理出要点，把一些重要的内容记下来，以备后面复习用。记笔记既是一种学习方法，也是各种能力的体现，比如理解能力、概括能力、总结能力，以及能从大量信息中梳理出重要信息的能力等。

在课堂上，学生一定要把主要精力放在听课和理解上。如果只想做好笔记，希望将老师讲的内容一字不落地记下来，而没有认真听讲，就有点舍本逐末了。

一、课堂笔记需要记的七大内容

1. 老师讲课的提纲。如果学生养成了用思维导图记笔记的习惯，就能够清晰地记录下老师讲课的提纲。提纲也就是框架、脉络，记录提纲对于理解细节内容很有帮助。

2. 老师强调的重点、难点。老师对于课本内容了如指掌，对于各堂课需要掌握的重点、难点也很清楚，所以记笔记时一定要牢记老师强调的内容。

3. 老师补充的、课本上没有提到的内容。限于篇幅，有些课本上的内容显得很精练。实际考试的内容往往是课本内容的延伸，这就意味着老师讲课时会在课本内容的基础上有所补充，这个时候就要记下老师补充的内容。

4. 对照自己的弱点，记下自己需要加强的内容。

5. 记下在预习中有困惑的问题，在上课时认真听讲，并做好笔记。记下在听讲时没有完全理解的内容，要在课后搞懂。

6. 记下老师解题的技巧、思路和方法，这对今后提升解题的能力有很大的帮助。

7. 记下老师对课堂内容的总结。课堂总结是老师对课堂内容的精辟概括，理解老师的课堂总结，有助于理解重点知识以及各部分知识之间的联系，也有助于理解基本概念、公式、定理，并将知识融会贯通。

二、记课堂笔记的注意事项

1. 不要将笔记记得太满。建议在笔记页面左侧 2/3 的部分记笔记，将右侧剩下的 1/3 部分空出来，以备后面补充、修改。

笔记有缺漏很正常，尤其是记录时为了赶上老师的速度，难免有缺漏。如果有些内容过于简洁，就需要课后再补充，以便加深理解。

2. 记笔记时用词尽量简明扼要，最好做到既有观点，又有材料；既有主干，又有枝叶。必要时可以加入只有自己能理解的代号、简称。比方说，可以将政治经济学简称为"政经"，将历史唯物主义简称为"历唯"，只要不影响自己的理解就行。

3. 注意兼顾听课和记笔记，尤其是要保证听课质量，在理解课程内容的前提下记好笔记，不能因为记笔记而影响听课质量。

4. 用不同颜色的笔来记笔记。比方说，用红笔写重要的内容，用黑笔写普通的内容。这样在将来浏览的时候，重点内容就显得非常突出。

做完笔记后，如果将笔记束之高阁，那么笔记有什么用呢？谁能只写一遍就记住所学的内容呢？所以，会学习的孩子除了会记笔记以外，还会利用笔记复习，能够发挥好笔记的作用。

三、怎样利用课堂笔记学习

1. 每天在做作业前，最好能整理一下当天记的笔记，补充笔记中漏掉的部分，对于重点部分，要重点进行复习；对于未听懂的部分，可以借助其他资料搞懂，也可以向老师和同学请教。通过后期整理，让笔记变得有条理、系统化，以备复习使用。

2. 每周抽出一点时间，对照笔记本中的知识框架，回忆每个知识点的细节，实在想不起来时再看课本。这是一种很有效的学习方法，经常这样复习能够减缓对知识的遗忘速度。

3.在考试前，尤其是在期中、期末考试前，要经常对照笔记，回忆老师讲课的内容，加深理解，增强记忆，以尝试回忆3~5遍为佳。

有人做过统计，一节课的时间有45分钟，如果孩子能记住课堂内容的75%，就说明孩子的听课质量很高。48小时后，如果没有及时复习，绝大多数的孩子只能记住课堂内容的10%。克服遗忘的理想方式是及时复习，尤其是在学习新知识后的48小时内抓紧复习。

第四节　学而后习：复习和练习（做作业）

很多处在学龄期的孩子有过这样的想法：如果只上学，不用写作业、考试，那该多好啊！其实，这是不可能的。学习，就是学而后习。"习"既包括练习，也包括复习。在课堂上听课时，学生在老师的帮助下理解知识，搞清楚了知识的来龙去脉，但这是不够的。如果没有经过练习和复习，学生只能大体了解所学的内容。只有能够熟练地运用知识，才算真正地掌握了知识。

做练习的目的在于理解、掌握、熟练地运用所学的知识。只有明白了练习的目的，才能更好地达到目标。也就是说，完成了作业并不等于完成了学习任务，而应该多问问自己："我懂了吗？我会了吗？"

比方说，我家孩子从一年级开始学习英语，一年级的英语课程不要求孩子会写英语单词，所以大部分作业是听读作业。记得那时候，老师经常布置这样的作业：听读课文 5 遍。我发现，我家孩子在完成这项作业时，眼里只盯着"听读 5 遍"这个要求，所以当打开播放设备听完第 1 遍时，孩子就非常兴奋地和我强调"我听完 1 遍了"。听完第 5 遍的时候，他就一溜烟地跑出去玩了。孩子觉得自己已经听读了 5 遍课文，就万事大吉了。

可是，听读 5 遍课文的真正目的是什么？是能熟练朗读。如果孩子听读 5 遍后依然做不到熟练朗读，那么这项作业就失去了意义。

当时我对孩子说："做这个作业前，你先朗读这篇课文给我听，如果你能非常熟练地朗读出来，就不用听读 5 遍，可以马上出去玩。如果你不能熟练地朗读这篇课文，那么你在听读时一定要用心，最好在听读完以后就能熟练朗读。如果你听读了 5 遍还不能熟练朗读，那明天还得接着听读，直到你能熟练朗读为止。"这样一强调，孩子听读时才会用心，否则孩子心里只想着早点听读完 5 遍，学习效果肯定不好。

一、家长最好不要负责检查作业

有些小学低年级家长习惯负责检查孩子的作业，我认为这样的做法不妥。如果同学们交上来的作业都是家长检查过的，都没有错误，老师就无法发现孩子的薄弱环节。建议家长不要负责检查孩子的作业，如果一定要检查，最好标注出孩子出错的地方，以便老师在课堂上进行强化。

二、让孩子学会自己检查作业

如果家长一直负责检查孩子的作业，久而久之，孩子就会形成只管做，不管对错的习惯。家长可以教会孩子自己检查作业，因为家长现在检查是为了将来不检查，家长不能一直检查下去。

检查的方法其实很简单，就是重新演算一遍。可是，有些家长一听说要让孩子学会自己检查，觉得很有道理，在一开始就让孩子全面检查，这样做恐怕会让孩子产生逆反心理。比方说，孩子做了 100 道口算题，其中只有一道题做错了。我不建议家长这样说："其中有一道题做错了，你给我从头到尾好好检查！"孩子听了这句话估计会抓狂，有些孩子甚至直接甩手不干了。我会给孩子圈出一个范围，告诉孩子在这 6 道题中有一道题做错了，请孩子将它找出来并改正过来。如果采用这种方式，孩子往往会欣然答应。

三、暴力作业

我一直认为，会教学的老师是不会依靠暴力作业来提高孩子成绩的，只有不懂教学、不会教学的老师才会依靠暴力作业。其中的道理很简单，总是给孩子布置暴力作业的老师可能认为，做题做多了总能让孩子变得更加熟练。可是，暴力作业有时会伤害孩子的学习热情，有朝一日孩子不喜欢学习了，那才是最可怕的。比方说，有些老师让孩子把听写错了的生字抄一百遍，结果让孩子对抄写深恶痛绝。有些学生会想方设法地逃避抄写，例如，把几支笔绑在一起抄作业，或者找人代写作业。这样做并不好。

　　记得有一次，我家孩子因为没有及时复习，英语单词听写错了好几个。老师让孩子回家把错了的单词抄写 10 遍。我对孩子说："你知道老师布置这个作业的目的是什么吗？老师想通过罚抄让你掌握这些单词。如果你抄写了 10 遍，还是没有掌握这些单词，那就失去了抄写的意义。所以，今天我给你一点时间背诵，如果背诵完了，我来给你听写，看你是不是真的记住了。"结果孩子过了一会儿就说他背完了。

　　经过听写，我发现孩子果真记住了。我说："好！只要你掌握了就好。至于老师给你布置的作业，你有两个选择，第一个选择是你按照老师的要求抄写 10 遍，第二个选择是让我帮你。"孩子说："我自己抄写吧！"我说："那更好，印象更深。"

四、孩子写作业慢怎么办

　　孩子写作业慢是让很多家长抓狂的现象。如果孩子写作业慢，家长试着找找背后的原因。一般来说，写作业慢有下面几种情况：

　　1. 孩子年龄小，手部小肌肉群还没有发展成熟，写字不多，还不熟练。针对这种情况，父母只能等待，多一些耐心，多给孩子一些时间。

　　2. 孩子喜欢追求完美，常常觉得写得不够好，用橡皮擦擦掉重写，导致写作业的速度非常慢。针对这种情况，家长要引导孩子减少频繁重写的情况。

　　3. 孩子在写作业时注意力不集中，爱和家长说话，爱问家长问题。我的建议是，提前跟孩子约好，碰到问题时不要马上问家长，可以等写完作业后统一问。家长不要在孩子写作业时和孩子说话，即便孩子问，家长也尽量不回答。这样做的好处是，给孩子思考的机会，而且把有些不会的题先空着，写完作业后一起解决，这样能让孩子的印象更深刻。如果家长有问必答，孩子对自己不会的题的印象就可能不会深刻。

4.孩子写作业时小动作多。这个时候，家长可以善意地提醒，但是要注意方式，不要一味地批评、指责，否则容易引发孩子的负面情绪，家长和孩子的负面情绪交替上升，容易闹得鸡犬不宁。孩子写作业时，家长不要离得太近，不要一直盯着孩子，否则家长总是容易着急，孩子也不痛快。建议家长和孩子保持一段距离，而且做自己的事，比方说在一边看书。

需要注意的是，很多家长在陪伴孩子写作业的时候，看到孩子写作业慢或者做小动作，就特别容易着急上火，一上火就冲孩子发火，久而久之，就容易伤害孩子的学习情感，让孩子觉得写作业是一件痛苦的事。慢慢地，孩子就不愿让家长陪在身边，而且变得不喜欢写作业。

五、检查作业时，家长要特别注意和孩子的互动

检查书面作业时，家长一定要注意，先肯定孩子好的一面，比如，孩子今天写得比昨天快，或写得比昨天好，然后指出孩子做错的地方。指出错误时，切忌贬低、指责孩子，最好不要说这样的话："这么简单你都会错？！""你怎么那么粗心？！""你就不能仔细一点？""你真笨！"其实，完全可以用轻松的语气说："妈妈觉得你这道题的答案有问题，你回去检查一遍，好吗？"如果一味地批评、指责孩子，看不到孩子做得好的地方，孩子慢

慢地就不喜欢让家长检查作业了。

六、非书面作业的陪伴原则

在陪伴孩子完成非书面作业时，家长需要告诉孩子一些学习方法。我的原则是：

1.告诉孩子正确的方法。

2.尽量多给孩子一些正向反馈。

3.缓解孩子的焦虑情绪，多鼓励孩子。

我家孩子上三年级时，我让他背诵英语单词，孩子说背不会。刚开始我说："你在抄写单词时，一边在嘴里念着，一边用心记。"没有想到的是，孩子抄了几遍之后，我给孩子听写，孩子突然哭了，说："我记不住！"我仔细想了一下，估计是孩子抄写时没有用心，每次抄写时都是对照着前面的抄写，所以抄多少遍都没有用。

后来，我改变策略，对孩子说："你先在心里默念，记住了以后，就在纸上写下来。写好了之后，用手遮住，再写一遍。这样连续写上几遍，就容易记牢。"这种方法的原理是，在背诵时尝试回忆，而不是简单地抄写单词，重复回忆几次之后自然就记住了。即使孩子背诵得很慢，家长也不要一味地埋怨孩子。孩子背得慢有可能是因为孩子没有掌握正确的背诵方法。只要孩子掌握了正确的方法，背诵就没有那么难。

孩子背诵课文时，高质量的亲子互动是非常重要的。我通常让孩子一段一段地背诵，而不是整篇课文一起背诵，否则容易让孩子产生挫败感。如果段落很长，可以让孩子一句一句地背诵。孩子背诵完之后，家长要多多肯定和鼓励孩子。

例如，在检查孩子背诵情况时，如果发现孩子有一两处背诵错误，我就会说："不错！我给你打 98 分（两处有错时）。你想知道在哪里扣分了吗？"这样孩子听了才有积极性。告诉孩子错误的地方之后，我说："你需要多长时间把这些错误消灭掉？"孩子很愿意接受挑战。一旦孩子做到了，我就和孩子击掌庆贺。

在整个过程中，我一直采用正向反馈的方式，所以孩子很积极，也很配合。偶尔孩子状态不好，在睡觉前没有完成背诵任务，我会安慰孩子，说他明天早上会有一股神奇的力量，那时肯定能背会的。然后，让孩子用手机录上课文的语音，在孩子躺下的时候，循环播放语音，把语音当成催眠曲。孩子早上起来的时候，背诵速度的确变快了。很可能是因为头天晚上太困了，所以当时的背诵效果不好。在上述的互动过程中，给孩子一种积极的心理暗示，孩子在背诵时就会更有信心。

七、做作业的四大原则

孩子在做作业时尽量遵循以下四人原则：

（一）不要对所有的题都"一视同仁"

老师布置作业的目的是让学生巩固所学的知识，学好用好知识。老师在布置作业时，很难照顾到每一个孩子的能力水平，只能根据孩子的平均水平来进行安排，通过检查孩子完成作业的情况来了解他们对知识的掌握情况。

每一个学生都应慎重对待自己的作业，不要对所有的题都一视同仁，而要区别对待。比方说，对于已经会做的题，可以少做一些。对于自己掌握得不太好的知识点，可以再找一些题来做。我曾经遇到一个成绩排在优质高中级部前 20 名左右的孩子，他说，对于那些已经会做的题，他尽量少做。他发现，因为自己小学数学基本功不好，基本运算容易出错，所以他给自己找了些小学的数学题来进行练习。我觉得这个孩子对自己的认识是很深刻的。

（二）多做不会做的题，直到掌握

做作业的根本目的是将所学的知识巩固好，对于那些已经掌握了的知识点，就不必做太多的相关题目，只要做一些有代表性的题就可以了。如果在老师布置的作业中，你发现有几道题自己还没有完全掌握做法，就不妨多找一些类似的题来练习，直到自己熟练掌握为止。

（三）要整理做过的题

不少孩子觉得完成作业便万事大吉，等老师批改完作业之后就把作业束之高阁，这样的态度对学习无益。作业如同一面镜子，可以给孩子提供反馈，让孩子知道哪些知识是已经掌握了的，哪些知识是还没有掌握的。孩子如果发现自己做错了几道题，那就要把错题整理到错题本上，分析做错的原因，看看自己究竟错在哪里，是完全不会，还是基本概念不清，还是存在运算错误。

（四）要经常翻看整理后的作业

孩子要经常翻看整理后的作业，因为这样做可以发现自己在学习中存在的问题。经常看，才能提高警惕，才能变得熟练，直至印象深刻。尤其是在期中、期末考试前，更应该翻看作业，对于某些难题，还需要从头到尾再做一遍，看看自己是否真的会做了。

在写作业之前，孩子应该将文具准备好，将心静下来，一旦写起作业来，就全神贯注，心无旁骛，就像在参加考试时一样，不能随便走动，不能随意说话，不能随意翻书或查资料。孩子要专心致志地将作业写完，把不会做的题先略过，做完作业后统一查阅资料。

有些孩子写作业的习惯非常不好，例如：

1. 小动作特别多。

2. 喜欢和父母搭话。

3. 遇到难题就查资料。

4. 总是以喝水、找东西等理由中断学习。

5. 将手机放在书桌上，时不时地看手机。

以上这些行为都会影响孩子写作业的效率。

八、复习的种类

复习可以分为以下几种类型：

（一）小复习

小复习是指每堂课后的复习，建议在写作业之前进行小复习。

以数学为例，在小学和初中的数学课堂上，老师总会让同学们在课堂上做练习，巩固当天所学的知识。可是，到了高中，同学们需要在两年的时间里学完本该用三年的时间学习的知识，无论是数量还是难度，都比初中提高了不少。高中老师在课堂上很难留出时间让同学们做练习进行巩固。这个时候，如果学生只听课和写作业，不加强课后复习，想保持好成绩就有点困难。所以，到了高中，学生一定要加强课后复习，先复习完了再做作业。

（二）中复习和大复习

中复习是指单元考试前或月考之前的复习。在考试前，要将这段时间所学的知识复习一遍，以备考试。大复习，一般是指期中考试前和期末考试前的复习。复习的方式通常包括看书、看笔记、翻阅错题本、做练习等几种。理科的复习重点在于熟悉基本概念、原理、公式、定律、定理等。语文和英语学科的复习重点在于背诵字词、熟悉语法、背诵课文等。

建议学生利用思维导图进行复习，根据思维导图中列出的框架和问题回想具体的知识内容，至少背上 3~5 遍。然后，将思维导图中框架所涉及的知识内容填充完整，将思维导图中所提问题的答案表述清楚，尽量和课文内容一致。

在看笔记时，应着重看课文中没有提到的内容和老师上课时强调的重点、难点。要善于通过看笔记将所学的知识前后联系起来。

在翻阅错题本时，要注意的是，对于简单的题，浏览一遍就行；对于以前不会做的题，建议重新做一遍；对于曾经犯过的低级错误，一定要提高警惕。

做练习是指在考前复习时，多做一些代表性强的题目，做到熟能生巧、举一反三。

　　万物皆有法，学习亦有道。探寻学习背后的规律的目的在于找到适合自己的学习之道。市面上有很多家庭教育类书籍，作者在书中介绍自己的育儿经验，但适合其他家庭的经验不见得适合你的家庭。如果能找到学习之道，那么所有的家庭、所有的孩子都能受益。善莫大焉！

你不知道的好成绩背后

2015 年，我的第一本书《其实你不懂孩子》出版之后，市场反响不错，至今已重印七次。在此之前，我主要依靠面向家长的讲座来做家庭教育推广，一场讲座的听众通常有几十人或上百人，能传播的范围非常有限。可是，写成书就不一样了，全国各地的读者都能因此而获益。本不擅长写作的我，也变得跃跃欲试。

可是，接下来写什么呢？《其实你不懂孩子》的编辑一再建议我改版，可是，改版的结果只是增加几篇文章，其实质并没有变化。市场上家庭教育类书籍数不胜数，我还是换一个写作方向吧！

从 2003 年以来，我开始对学生进行学习和心理辅导，最初做学习心理辅导的个案，最近尝试做小组辅导。经过 16 年的摸索，我积累了一些经验和体悟，大体掌握了一些规律。作为一名老师和心理咨询师，我很想将自己体悟到的感受和家长、老师、孩子们分享，于是就有了这本书——《学习好其实并不难》。

当孩子成绩不好时，老师或家长常常对孩子成绩不好的原因做出一个简单的推断和分析。比方说，大家首先想到的一个问题是：孩子笨不笨？如果孩子笨，取得好成绩就会挺困难。我把这个影响因素称为学习能力。在《影响因素之二：学习能力》一章中，我详尽地诠释了智力对孩子成绩的影响，探讨了智力背后的 G 因素，即一般能力。一般能力包含注意力、观察力、记忆力、思维力和想象力等五个方面。如果说智商的高低是天生的，那么我们可以从提升这五个方面的能力入手，提高孩子的学习能力。

如果孩子不笨，那么有可能是孩子的学习情感出了问题，也就是孩子对待学习及其相关事物的态度及情绪情感体验有问题。我无法想象，一个对学习深恶痛绝的孩子的成绩会很好。我在这里要着重强调学习情感的重要性。即便孩子很有天赋，如果不爱学习，再好的天赋也是枉然。可是，世上没有生下来就不爱学习的孩子，每一个孩子刚开始都对这个世界充满好奇，小时候不断地问父母"这是什么"，稍长大一点，又追着父母问"为什么"。但是为什么有些孩子越来越不爱学习呢？怎样才能培养孩子积极的学习情感呢？这是在《影响因素之三：学习情感》一章中重点探讨的问题。

如果孩子的智力没有问题，学习情感也不差，那么还有哪些因素会影响孩子的成绩呢？是学习习惯。习惯总是体现在具体的学习行为中。习惯不好，自然会影响学习效果。在《五个环节：预习、听课、记笔记、复习和写作业》一章中既探讨了学习习惯，又探讨了学习方法。二者很难严格区分，正如我常说的一句话："孩子如果能将好方法变成好习惯，就无敌了！"

如果孩子的智力、学习情感、学习习惯都不错，成绩仍然不好，我就会进一步分析，孩子会学习吗？从 2003 年以来，我接触了不少孩子，最大的感触就是"成绩好的孩子是相似的，成绩差的孩子各有各的原因"。也就是说，大多数成绩好的孩子已经掌握了科学的学习方法，而孩子成绩不好的原因各不相同。对于孩子而言，学习方法就如同"最熟悉的陌生人"。不会学习的孩子，花了不少时间，但效率极低。对于仅仅是学习方法不正确的孩子来说，他们一旦掌握了正确的学习方法，就能以最快的速度提高成绩。多年以来,有些孩子在我的稍加点拨(有时候只通了一次电话)下,成绩排名就能在级部中提升100多位。在本书《两驾马车:错题本和思维导图》《考试》《五个环节:预习、听课、记笔记、复习和写作业》《英语和语文学习》等文章中,都讲述了有关如何改进学习方法的内容。

其实还有一些间接因素会对孩子的学习产生重大影响。

首先是学习动力。二三十年前,不少家庭生活困难,不少孩子学习的动力来自生存的需要,他们急切地想改变自己的生存状态。在生活水平普遍提高的今天,孩子的学习动力从哪里来?我们还能用苦大仇深的故事去教育孩子,以期孩子好好学习吗?不能!因为大部分家庭中的孩子的生存需要早已被满足。如果家长用生存需要来引导孩子,很难激发出孩子的学习动力。不过,除了生存需要之外,人还有一些需要尚待满足,比方说安全的需要、爱与归属的需要、尊重的需要、自我实现的需要。在《影响因素之一:学习动力》一章中,深入分析了孩子的学习动力来源,指导家长激发出孩子的动力。

其次是人格品质。自我价值感会激发一个人向上的追求。学习从来都不是一件一蹴而就的事,它需要我们抵制诱惑、克服困难、付出努力。一个人只有排除干扰,朝着目标前进,才可能获得成功。这就要求一个人有足够的自控力和强大的意志力。这些品质是学习好的内在要求。

总而言之,学习行为受各种因素的影响,好品质才能成就好成绩。

第一章

影响因素之一：学习动力

孩子不爱学、不愿学、不积极主动学，一个重要的原因是缺乏学习动力。孩子的学习动力到底从哪里来呢？

第一节　基于生存需要的驱动力最强

我属于"70后"这一代人，不少"70后"努力学习是为了改变自己的生存状态。这部分人的动力来自物质条件的匮乏。

1992年，我刚考上大学，我问过一个同样考上大学的同班同学，考上大学最大的感受是什么。他说，最起码不用在三伏天里那么辛苦地在地里抢收抢种了。我想，我之所以印象这么深，是因为这句话说到了我心里。

我是一个来自山区县城的孩子，小时候家里非常穷。那时候，我家在县城郊区，人多地少，人均只有三分地。一年之中哪怕是种两季稻子，收成也仅仅够糊口。如果再养头猪，人的口粮就不够了。记得在高中期间，到了青黄不接的时候，我家就经常断口粮。我至今都记得非常清楚，我爸让我去同学家借稻谷，我骑着一辆自行车，驮着50公斤左右的稻谷，来回骑20公里，真的是非常不容易！

我还记得我高考快要报名的时候，恰逢弟弟要参加中考。我爸有一天和我们兄弟俩说："你俩都要参加考试，都需要报名费，可是家里的钱不够，只够给你们其中的一个人报名。你们看怎么办？"弟弟还小，一脸茫然。我当时说："没事，你让弟弟先报上名吧。我看看能不能从班主任那里借报名费，回头再还给他。"那时候，我是班长，和班主任关系不错。第二天，我就向班主任借了 20 元报上名。我至今都非常感谢这位老师。

因为这些经历，我深知我只有通过努力考上大学，才能改变我的生存现状，才能改变我的命运。

现如今，大部分家庭的孩子早已衣食无忧。如果还想靠老生常谈、忆苦思甜让孩子受到触动，是非常困难的。就像一个没有恋爱经历的人无法理解失恋的痛一样，就像一个常吃山珍海味的人无法理解没有饭吃的人的想法一样，没有经历过，就很难产生共情。我有个同事来自鲁西南沂蒙山区。有一次，他语重心长地对孩子说："孩子啊，你得珍惜现在来之不易的生活，好好学习。你爸小时候，放学回家还得上山放羊……"孩子竟然说："老爸，你好幸福啊！你放学了还能上山玩，我们只能成天写作业。"一席话让我的同事啼笑皆非！

其实，现在很多孩子对自己的现状很清楚。在给大学生讲职业生涯课时，有些老师说，希望同学们能好好努力，让知识改变命运。台下就有学生嘟哝着说："改什么改？我现在一切都挺好的！"记得我孩子才五岁时，我们打算让孩子上理工大学附属小学，正商量着在学校附近买房子。我和孩子有过一次对话：

我说："孩子，你觉得我们家里穷吗？"

孩子说："不穷啊！"

我说："你为什么认为我们家不穷呢？"

孩子说："你不是和妈妈商量着买房子吗？"

我不禁哑然。

一个五岁的孩子尚且能通过父母的话语，知晓家庭的生活状况，更何况一个大孩子呢？

所以说，生存需要已经得到满足，生存需要已经不能成为孩子前进的主要动力源，孩子学习的动力从哪里来？除了生存需要，孩子还有哪些深层次的需要？那些需要得到满足了吗？

如果读者看过一些心理学书籍，可能会或多或少地知道马斯洛的需求层次理论。

马斯洛最早将人的需要分为五种，分别是：生理的需要、安全的需要、爱与归属的需要、尊重的需要、自我实现的需要。低层次的需要得到满足以后，就会促使人追求更高层次的需要。

马来西亚林文采博士在萨提亚家庭治疗理论的基础上提出了心理营养的概念。她认为，一个生命的成长需要汲取五大心理营养，分别是：无条件接纳；此时此刻，在你的生命中我最重要；安全感；肯定、赞美、认同；学习、认知、模范。

虽然不同的心理学理论有着不同的假设，但它们都有共通之处。比如说，都提到了安全感；爱的需要对应的是无条件的接纳；尊重的需要和林文采博士提出的"肯定、赞美、认同"具有一定的相似性。正如马斯洛所说的，如果低层次的需要没有被满足，个体就会停滞在那个阶段寻求需要的满足，很难越过低层次的需要去追求自我实现。林文采博士也说，如果孩子缺乏某一种心理营养，就可能会耗尽一生去寻找。

问题就在于，时代已经发生变化，孩子们的生存需要得到了充分的满足，单纯依赖物质条件去激励孩子恐怕收效甚微。可是，对于孩子的一些深层次需要，例如安全的需要、爱的需要、尊重的需要等，家长注意到了吗？满足孩子了吗？

第二节　你满足孩子的安全需要了吗?

一说到安全需要,不少家长会很不以为然,觉得自己已经满足了孩子的安全需要。每天车接车送,生怕孩子摔了、磕着,对孩子嘘寒问暖,就怕孩子热着、冻着,像母鸡护小鸡一样。但是,满足孩子对安全的需要并不是指要把孩子护得严严实实的,那只是过度保护,其本质恰恰会伤害孩子的安全感。

一个人具有安全感,体现在他觉得自己能胜任学习和工作,能应对生活中发生的事情,不会因为感觉到对生活失控而焦虑。如果父母过度保护孩子,不给孩子提供锻炼能力的机会,孩子在独自面对生活中的困难时,就会手足无措,又怎么会有安全感呢?

难道说安全仅仅是指物质安全或生命安全吗? 在心理上、情感上,家长给予孩子安全感了吗?

容易影响孩子安全感的因素包括父母的教养方式、夫妻关系以及父母的性格脾气等几种。

说到父母的教养方式对孩子安全感的影响,不得不提到依恋理论。依恋,通常被定义为婴儿和其照顾者(一般为母亲)之间存在的一种特殊的感情关系。依恋在婴儿与其照顾者的相互作用过程中产生,是一种感情的联结和纽带。研究者普遍认为,依恋是人类适应生存的一个重要方面,因为它不仅能提高婴儿生存的质量,而且建构了婴儿终生适应的特点,并帮助婴儿将来更好地适应生存。说得直白一点,就是早年建立的依恋关系模式,容易在其未来人际关系中重复出现。安全的早期依恋关系模式有助于个体在未来的人际关系中建立安全的依恋关系。

玛丽·爱因斯沃斯认为,依恋关系中个体间的重要差异在于依恋的安全性或不安全性。于是，她与同事在 1978 年设计了陌生情境测验（strange situation test），来评定 1 岁婴儿对其母亲的依恋的安全性。

陌生情境测验的内容是在一间实验性玩具室内观察婴儿、养育者（多为母亲）和一名友好却陌生的成人在一系列情境中的行为与反应。此操作程序的关键在于婴儿与每个成人分离、重聚的标准顺序。

在设计的 8 个情境中，婴儿或儿童经历逐级增加的忧伤及对亲近的更多需要，整个过程约需 20 分钟。最初，母亲与儿童被邀请进入一间放有适当玩具的舒适的实验室，当儿童安静下来并开始玩玩具时，便有陌生人加入，此后，相继有母亲离去、陌生人与儿童相处、母亲回来然后陌生人离去、母亲离去让儿童独处等情境，用录像带记录儿童的反应。事后，依据录像带的记录评估儿童的探索行为、对养育者与陌生人的倾向性、在短暂分离后重聚时对母亲的反应等，并对儿童的依恋关系进行分类。虽然要对儿童的所有行为都进行评估，但在确定依恋关系的类别时，重聚时的行为表现具有突出的意义。

在陌生情境测验中，设计者将婴儿的依恋关系分为以下三类：

一、安全依恋型

属于安全依恋型（secure）的儿童与母亲在一起时能舒心地玩玩具，并不总是依附母亲。当母亲离开时，他们会明显地表现出苦恼。当母亲回来时，他们会立即寻求与母亲接触，但能很快平静下来并继续玩游戏。这种依恋模式是最为健康的，它来自高质量的亲子互动。这源于母亲在孩子 0~1 岁时，对孩子的需求具有足够的敏感性，持续、稳定、一致的情绪与行为互动塑造了安全的依恋关系。

二、不安全依恋 – 回避型

属于不安全依恋 – 回避型 (insecure-avoidant) 的儿童在母亲离去时并没有表现出紧张或忧虑，母亲回来时，他们也不予理会，或短暂地接近一下又走开，表现出忽视及躲避行为，陌生人的安慰与母亲的安慰对这类儿童来说没有区别。这类孩子并没有与母亲建立依恋关系，有可能因为孩子的需求总是得不到母亲的回应，所以孩子并不奢求母亲的情感或者行为回应，索性自顾自地玩。后续的研究表明，这些孩子看似对母亲的离开没有反应，其实孩子的内心还是有波动的，这些生理指标经由实验者测定获得。也就是说，这些孩子看似淡定，其实焦虑，只是因为知道即使哭闹也无法得到母亲的反馈，后来干脆就不哭不闹。

三、不安全依恋 – 反抗型

属于不安全依恋 – 反抗型 (insecure-ambivalent) 的儿童对母亲的离去表示强烈反抗，有强烈的情绪反应。可是等到母亲回来，儿童会寻求与母亲的接触，但同时又显示出反抗，甚至发怒，不再去玩游戏。这种欲迎还拒的心理，反映了母亲在养育过程中矛盾或摇摆不定的互动方式，说明了母亲容易情绪化，与孩子的互动不是持续、稳定、一致的，而是忽左忽右、摇摆不定的。

在玛丽·爱因斯沃斯的研究中，安全 – 依恋型儿童约占研究对象整体的 65%，不安全依恋 – 回避型儿童约占 21%，不安全依恋 – 反抗型儿童约占 14%。后来，在对 8 个国家 2000 名儿童进行的 39

个有关依恋类型的研究中，结果表明，虽然存在文化差异，但依恋类型的分布比率大致与玛丽·爱因斯沃斯的研究结果相同。约翰·鲍尔比认为，不安全依恋类型相对稳定，并且长期存在，可随周围环境的变化而变化。不过后续的研究表明，成年人的依恋模式与其早年的依恋模式有很高的重叠性，这一方面说明了早年关系模式的稳定性，另一方面说明了后天的养成环境能对依恋模式产生影响。

在很多育儿书籍中，作者经常提出"安全的亲子关系是孩子主动探索外在世界的基石"的观点。其实探索世界就是在学习，没有安全感的孩子总是焦虑不安，无法专注做事，也无法探索世界。

当孩子一岁左右的时候，细心的父母会发现，刚学会爬的孩子会尝试着离开母亲，爬到稍远的地方玩耍。过了一会儿，孩子又会爬回来，朝着父母乐（其实这个时候孩子是在确认父母是否在身边，自己是否安全）。如果母亲也朝孩子笑笑，孩子就会咯咯地笑着，继续爬出去玩。

这个时候，母亲起到了港湾的作用，给孩子安全感，孩子可以在这里停靠，也可以从这里起航。如果孩子发现母亲不在身边了，还能够放心地爬出去玩吗？恐怕是不行的。最有可能的结果就是孩子大哭起来。没有安全感，孩子就无法专心做事。

我们在描绘一个人专注做事的样子时经常会用"心无旁骛"这个词，而没有安全感的孩子容易分心，容易被其他事物影响。除了上面提到早年的亲子依恋关系会影响孩子的安全感外，父母的关系也会影响孩子的安全感。

就一个家庭而言，孩子对这个家的忠诚度是最高的。离异父母中的任何一方只要另找一个配偶，仍然可以组建一个新家，甚至还会觉得终于摆脱了原配，步入新生活。但对孩子而言，无论离异父母中的哪一方组建了新的家庭，这个新家都已经不是原来的那个家。所以，一旦夫妻吵架，孩子就会非常惶恐。一旦家庭出了问题，孩子总是问题的承担者。家庭的问题就会在孩子身上浮现，而父母一旦发现孩子出现问题，就会放下一切纷争去照顾孩子。孩子一旦发现自己的问题能维系家庭暂时的和谐，就愿意将问题延续下去。

父母情绪的稳定性是影响孩子安全感的重要因素之一。如果父母脾气暴躁，动不动就生气发火，而且一发火就喜欢冲着孩子去，孩子怎么会有安全感呢？孩子不得不在父母的眼皮底下生活，心里还得时时提防父母，生怕父母生气自己跟着倒霉。处在这样的环境中的孩子很难进入最佳的学习状态。

记得有一次，我提到这个观点的时候，有一位母亲深有同感。她说："我家的孩子是男孩，已经大学毕业了。有一天，我们娘俩一起聊天。聊着聊着，大家都没有话说，我就看着窗外出神。没有想到的是，孩子竟然非常紧张地对我说：'妈！我又惹你了吗？'"由此可以看出，父母情绪的稳定对孩子有多重要。魂不守舍、焦虑不安、心神不宁等词汇，都鲜明地刻画了一个人不安心的状态。孩子如果状态不好，自然就会影响到学习。

第三节　你满足孩子爱的需要了吗？

爱是一个生命成长最根本的需要，是深层次的需要。缺爱会使人怀疑生命的价值，质疑存在的意义，甚至使人走上自杀之路。

据新华网报道，2015 年 6 月 11 日，贵州省毕节市七星关区田坎乡的 4 名留守儿童在家中集体喝农药导致死亡。这四名儿童是一兄三妹，最大的哥哥 13 岁，最小的妹妹才 5 岁。记者了解到四兄妹在家暴的环境中成长，性格孤僻。母亲离家出走不知去向，父亲外出打工，常年不回家。性格孤僻的四兄妹如同生活在与世隔绝的孤岛之上。一位被采访的邻居说，孩子们的家里并不缺东西，吃的穿的都有，主要是没有人来照顾和关心他们。一语中的！真可谓是缺爱之殇！

说到此处，估计有些家长依然不解。留守儿童自杀事件是极端事件，在绝大部分家庭中，哪个孩子不是被当成宝贝来呵护、抚养，何患没有爱呢？只怕爱都溢出来了。

其实不然，孩子们不缺乏物质的满足和无微不至的照看。但是，在孩子的不同年龄阶段，我们到底给孩子真正需要的爱了吗？有些父母说："我每天起早贪黑、累死累活，不就是为了孩子吗？怎么能说我们不爱孩子呢？"其实，有没有给予孩子爱，不取决于父母的主观认定，而在于孩子是否感受到了这份爱。

20 世纪 50 年代，哈洛和他的同事们做了一项被誉为"爱之发现"的"代母养育实验"。这一实验被美国门多西诺学院心理学教授罗杰·霍克收录到他的著作《改变心理学的 40 项研究》中。

哈洛和他的同事们把一只刚出生的猴子放进一个隔离的笼子中养育，并用两个假猴子替代真母猴。这两个假母猴分别是用铁丝和绒布做的，实验者在"铁丝母猴"胸前特别安置了一个可以提供奶水的橡皮奶头。哈洛这样说："一个是柔软、温暖的母亲，另一个是有着无限耐心、可以 24 小时提供奶水的母亲。"

刚开始，小猴子常常围着"铁丝母猴"，但没过几天，令人惊讶的事情发生了：小猴子只在饥饿的时候才到"铁丝母猴"那里喝几口奶水，其他更多的时间都是与"绒布母猴"待在一起；小猴子在遭遇不熟悉的物体，如一只木制的大蜘蛛的威胁时，会跑到"绒布母猴"身边并紧紧抱住它，似乎"绒布母猴"会给小猴子更多的安全感。

哈洛从这个实验中观察到，那些由"绒布母猴"抚养大的猴子无法和其他猴子一起玩耍，性格极其孤僻，甚至性成熟后不能进行交配。于是，哈洛对实验进行了改进，为小猴子制作了一个可以摇摆的"绒布母猴"，保证小猴子每天都有一个半小时的时间和真正的猴子在一起玩耍。改进后，小猴子的发育基本上正常了。

哈洛等人的实验结果证明了以下观点："爱存在三个变量：触摸、运动、玩耍。如果你能提供这三个变量，那就能满足一个灵长类动物的全部需要。"

这一实验颠覆了以往"有奶便是娘"的认知。除了物质条件以外，对生命而言，更重要的滋养是爱抚、情感温暖和陪伴。

无独有偶，在 20 世纪 40 年代，第二次世界大战之后，东欧一些国家因为战后人口稀缺，鼓励国民多生子女，如果家庭无力抚养这些孩子，可以将孩子交由政府的福利院统一抚养。在当时的福利机构中，一个保育员看护 10~20 个婴儿的情况并非罕见。保育员除了给他们洗澡、换尿布和喂食时把奶瓶放在枕边之外，很少和婴儿互动，婴儿往往躺在各自的婴儿床上，栏杆上挂着的一片片尿布将他们和周围环境完全分离。这些孩子和保育员没有太多接触，所以他们没有对任何人产生依恋。心理学工作者将这些婴儿称为无依恋的儿童。其实，在某些家庭中也会出现这样的婴儿，他们一般来自虐待和忽视孩子的家庭。

这样的早期经历会给他们带来什么影响呢？

在这种条件下长大的儿童，在出生后 3~6 个月时看起来完全正常，他们会用哭声引起保育员的注意，对保育员微笑，喃喃自语，在被抱起时做出恰当的姿势。但在 6 个月以后，他们的行为发生了变化。此时，他们很少哭，很少发出咿呀声；保育员抱他们时，他们显得僵硬，不能很好地做出适宜的姿势；他们常常显得忧郁，对社会接触缺乏兴趣。

当这些在福利机构长大的儿童进入小学和中学后会怎么样？答案在一定程度上取决于他们在福利机构待了多长时间。研究人员将出生后第一年待在孤儿院然后被收养和前三年待在孤儿院然后被收养的儿童进行比较，在这些孩子三岁半、六岁半、八岁半和 12 岁时，分别对他们进行访谈、观察和测验，发现在孤儿院待了三年的儿童，其发展的所有方面都滞后于那些在孤儿院只待了一年的儿童。他们的 IQ（智商）测验分数更低，社会性更不成熟，更依赖成人，语言技能更差，更容易出现攻击和多动等问题。到了青少年早期，他们变得不合群，跟同伴或收养家庭成员相处较困难。

就当下的社会环境而言，大部分家庭的孩子都得到了较为科学、合理的抚养。但是，仍然存在以下几种令人担忧的情况：

1. 全国有几千万名留守儿童，不少留守儿童在出生后不久就由家中的老人抚养，而其中不少老人的抚育质量比较差。更危险的是，孩子没有和父母建立起依恋关系，将来孩子回到父母身边，父母教育孩子时就少了一份感情基础。

2. 有些生活在城市的父母，因为要打拼，迫于无奈把孩子送回老家让老人照顾。

3. 有些家长在认知上有些误区，比如说，担心抱多了就放不下，有些家长几乎不抱孩子；有些家长很少和孩子亲昵互动；有些家长把孩子交给保姆，不承担抚育孩子的责任，错过了孩子发展的关键期，影响了孩子后续的发展。

4. 母亲患有产后抑郁，或者是出于其他原因，情绪状态不好，也没有别人来代替抚育孩子，导致抚育质量不高。

5. 如今很多年轻父母是在手机等电子设备的陪伴下长大的，他们在为人父母时，容易出现因沉溺于电子设备而无暇照看身边的婴儿的情况。

以上这些不良的养育方式都容易让孩子产生"爱的匮乏感"，降低孩子的自我价值感，容易让孩子形成自卑、退缩、羞怯的性格，也会影响孩子的情绪，进而影响孩子的学习成绩。

【案例】我的孩子为什么不要好呢？

有一次，我应邀到一所优质初中做家庭教育讲座。

讲座结束后，我在礼堂外的走廊里，看见该校的校长正和一位家长聊天。校长看到我出来，就像看到救兵一般，热情地将我介绍给这位家长。家长是一位初二男孩的妈妈，是一位公务员。

妈妈跟我抱怨说："别人家的孩子都知道努力，为什么我家的孩子一点都不要好呢？"

我说："是什么事让你觉得孩子不要好呢？"

妈妈说："有一天吃饭时，我又叮嘱孩子要好好学习，结果我家孩子用几句话就把我噎得半天都说不出一句话来。孩子说：'妈！当年你也在很努力地学习吧？可是我并没有觉得你的工作有多好啊！你成天加班到很晚才回来。我想见你都见不到。我认为只要一家人和和美美地在一起，就是捡垃圾也是幸福的！'刘老师，我怎么养出了这样的孩子？都说人往高处走，水往低处流，我家孩子怎么一点都不知道向上看齐呢？"

从孩子的两句话中，我能看出孩子很渴望和父母及家人在一起的时光。于是，我就问这位家长，孩子是不是她从小带大的。

妈妈说："在孩子小时候，我们工作忙，就把孩子送到老家了。上小学前，我们把孩子接回来，发现孩子有一身的毛病。"

没有在父母身边长大的孩子总是会怀疑父母是不是不爱他，没有安全感。他们经常追问的几句话是："你们为什么要把我送出去？你们是不是不想要我了？"

于是，我就问这位妈妈："是热带雨林里的植物长得好，还是沙漠里的植物长得好？"

妈妈说："当然是热带雨林的植物长得好。"

我说："热带雨林与沙漠最大的差异是什么？"

妈妈说："水！"

我说："这不就清楚了嘛！因为缺水，沙漠里的植物就长不好。比如说，仙人掌的叶子只能长成尖尖的刺儿。它不敢向上生长，因为害怕蒸发水分、失去水分。但是，沙漠里的植物不是不长，而是往下生长，根扎得特别深，目的就是寻找水分、汲取水分。作为一个生命，孩子也需要营养，其中最重要的营养就是爱。一个生命如果没有得到爱的满足，就会一直去寻找，所以在其他方面就没有那么多精力，就像你看到的那样，不要好，不积极向上。"

【案例】一个叛逆女孩的回归

一个上初二的外地女孩，被父母领着来找我求助。父母说，孩子进入初中以后，叛逆得非常厉害，不仅学习成绩下滑，还经常和社会上的小青年出去玩。

　　小女孩长得很好看，成绩在班里排在第十几名，还有艺术特长，可就是不听父母的话，还经常和父母吵架，周末或者放学后偷偷出去和社会上的小青年玩。严重的时候，小女孩还离家出走。

　　父母说孩子在母亲歇完产假后不久就被送到老家。父亲常年在外工作，母亲只能利用周末的时间回去看一眼孩子。老人在生活上把孩子照顾得比较细致，可是老两口一辈子都喜欢吵架，孩子在这样的环境中特别没有安全感。要上小学的时候，孩子回到妈妈的身边。可是，妈妈在工作上非常要强，压力大。所以，孩子在小学阶段，母亲对她的管教比较严格，要求高，常常批评、责备孩子，母女关系非常紧张。

　　我见过孩子几次，一看就是家教不错的孩子。孩子看过很多书，有思想、聪慧、机灵、活泼、敏感。孩子和母亲的关系不好，总是喜欢和妈妈抬杠。孩子没有明显的心理问题，我决定做父母的工作。一方面帮父母分析孩子特定的成长经历对孩子的影响，另一方面指导父母如何与孩子相处、沟通，如何试着和孩子建立正向积极的关系。

　　因为来访者是外地的，三次咨询后就没有再咨询。大概是一年后的一天，孩子的母亲给我打了一个电话，说孩子现在非常好，不再出去和社会上的小青年玩了，把心思放在学习上了，在最近的一次考试中还考到了级部第十几名。我说："你是怎么做到的？"妈妈说："听了你的建议之后，我试着和孩子重建关系，孩子慢慢地接纳了我。现在只要是周末，我就放下所有的事情去陪伴孩子，带孩子爬山、散步。孩子愿意和我分享学校里发生的事情，分享她的感受。"

　　当得知这个结果时我非常惊喜。孩子之所以有很大的转变，是因为父母在转变，尤其是因为母亲试着修复与孩子的关系。孩子的学习问题和行为问题很多时候都源于亲子关系不好。如果亲子关系好了，问题自然就消失了。

关系大于教育。

第四节　你满足孩子对尊重的需要了吗？

马来西亚的林文采博士于 2008 年提出心理营养的概念，认为一个生命的成长需要汲取五大心理营养。这五大心理营养是：

1. 无条件接纳。

2. 此时此刻，在你的生命中我最重要。

3. 安全感。

4. 肯定、赞美、认同。

5. 学习、认知、模范。

如果孩子得到的心理营养比较充足，那么生命中的"五朵金花"便会在人生旅程中悄然绽放。这五朵金花便是：

1. 爱的能力。爱他人，也接受别人对我们的爱。

2. 独立自主。为自己活着，活出最好的自己，为自己的人生负责。

3. 联结。会与人相处，能发展健康亲密的关系，有良好的社会支持。

4. 价值感。肯定自己的唯一性，既不过度追求别人的认同，也不过度自恋。

5. 安全感。既不去控制别人，也不会依附他人。风雨再大，也能勇敢向前。

　　马斯洛在其需要层次理论中，强调了尊重的需要，这与林文采提出的"肯定、赞美、认同"有异曲同工之妙。马斯洛这样诠释尊重的需要：人人都希望自己有稳定的社会地位，要求个人的能力和成就得到社会的承认。

　　尊重又可分为内部尊重和外部尊重两种。内部尊重是指一个人希望在各种不同情境中有实力、能胜任、充满信心、能独立自主。总之，内部尊重指的是人的自尊。外部尊重是指一个人希望自己有地位，有威信，受到别人的尊重、信赖和高度评价。马斯洛认为，如果尊重的需要得到了满足，就能使人对自己充满信心，对社会充满热情，体验到自己活着的用处和价值。

　　马斯洛的这番话是针对成人说的，如果放在儿童身上，可以理解为：每个孩子都希望在家里有自己的位置，自己的能力和表现能得到父母的认可。内部尊重是指孩子希望父母能允许自己做力所能及的事，在这个过程中体会到自己有实力、能胜任，从而对自己充满信心。外部尊重是指孩子渴盼在同龄群体中有地位，有威信，受到别人的尊重、信赖和高度认同。

　　每一位家长都应该扪心自问：我满足孩子尊重的需要了吗？估计对照上面的诠释，很多父母做得还不够。

　　在不少家庭中，父母无视孩子人格的独立性，把孩子看成自己的附属品，不尊重孩子，总是对孩子的言行进行指责和批评。在持续的打压之下，孩子陷入习得性无助，无法建立自尊和自信。

　　在前面的一个案例中，一个女孩好不容易从班上第二十多名考到了第七名，却遭到了妈妈的训斥，陷入了习得性无助，后来我找到了孩子的闪光点，让孩子增强了信心。

　　懂得尊重孩子的父母，不会拿自家孩子和别人家的孩子比，他们能看到孩子付出的努力，在孩子遭遇失败时，知道如何鼓励孩子；在孩子取得成绩时，知道如何肯定和赞美孩子。很多父母总是看到孩子的不足，常常批评、指责孩子。其实，这些父母要么被攀比心蒙蔽了，要么对孩子有高期许，总觉得孩子不够好。

孩子在 1 岁左右的时候，需要发展一个大动作——学会走路。有些孩子 9 个月就学会走路了，有的孩子 1 岁半才会走路。可是，我们见过哪个家长冲着自己 1 岁 4 个月还不会走路的孩子骂个狗血淋头吗？他们会这样斥责孩子吗？"你要是再不好好走路，你这辈子就别想学会走路！"肯定没有！因为那时候的父母最伟大，他们不会拿自己家的孩子和别人家的孩子比。只要我的孩子不瘫，我就一定能教会孩子走路，再苦再累我也不在乎。可是，孩子大了之后，很多父母忘却了自己曾经的伟大。如果每位家长都能拿出当时的状态来，孩子肯定会很棒。

要做到尊重孩子，首先要把孩子看成一个独立的生命，平等相待；其次，要看到孩子的付出和努力，多认同、鼓励和赞美孩子。只有尊重孩子，才能培养出孩子的自尊，才能让孩子学会肯定自己的价值，孩子在面对困难时才有源源不断的勇气。

"人往高处走，水往低处流。"人的本性是向上的，可为什么有些孩子失去了学习的动力，失去了生活的勇气呢？为人父母者应该反思，在如今，当物质已不能成为孩子成长的驱动力时，我们是否满足了孩子其他的基本需要呢？如果没有，孩子自然就会停滞在那里，不断寻找，渴求满足。当生理的需要、安全的需要、爱和归属的需要、尊重的需要得到满足以后，孩子自然就会寻求自我实现，实现自我价值的最大化。学习是实现自我价值的必由之路。孩子就像一粒种子，破土而出后自然就会寻找阳光。

第二章
影响因素之二：学习能力

研究表明，自律、坚持等品质对成功的影响远大于智商对成功的影响。一般来说，智商高只是为成绩好提供了可能性，要将这种可能性变成现实，还需要学习情感、学习习惯、学习方法、自律、坚持等多种因素的共同作用。当然，我们不能忽视学习能力对学习的影响，尤其是注意力、观察力、记忆力、思维力和想象力等，这些基本能力对学习的影响还是比较深远的。

第一节　智商、成绩与成功

智力水平，或者说智商，与学习成绩的关联比较紧密，但智商并不是影响学习成绩的唯一因素，智商只是为成绩好提供了可能性。成绩好的孩子的智商都不会太低，但成绩差的孩子的智商不见得就低。在刚开始进行辅导时，我经常评估孩子的智力水平，看看孩子学习不理想是否与智商有关。后来我很少评估这一项了，主要原因就在于如果孩子智力水平低，那么家长一般不会对孩子的成绩有太高的期许。大部分被送到我这里的孩子看起来并不笨，甚至是蛮聪明的，可成绩总是和智力水平不匹配。

理想的教育，应该是将一个孩子的潜力充分地挖掘出来，不留遗憾。从我这些年的辅导经验来看，很多孩子有学习能力，甚至非常聪明，可就是考不出好成绩。在这类孩子中，绝大部分孩子在情绪方面出了问题，孩子不爱学、不愿意学、不积极主动学、不会学，导致成绩不理想。

孩子不爱学、不愿意学的原因在于孩子从小在学习过程中没有积极正面的情绪体验，或者某个特殊事件导致孩子放弃了学业。

有的孩子和老师产生了误会，导致孩子不喜欢老师，从而一步一步发展到不愿学习某一个学科。有些孩子在学校里和同学之间的关系不好，导致上学热情受挫，进而导致不愿学习。更多的情况是，父母对孩子怀着远高于孩子当下水平的期许，或者喜欢拿自家孩子和别人家的孩子比，在亲子互动中，总是催促、批评、指责、打骂孩子。孩子在学习中经受太多诸如此类的负面情绪，从而导致厌学。

我还见过一些智力一般的孩子，学习成绩不错，考上了本市最好的高中。这些孩子往往有以下特点：

1. 家庭氛围和谐、融洽，父母关系和睦，采用权威型教养方式。

2. 亲子关系好，父母一方面给孩子提供温暖的环境，另一方面对孩子有较为客观的要求，规则鲜明，不过高要求孩子，孩子和父母沟通顺畅。

3. 孩子有不错的学习习惯，个人的学习品质比较好。

【案例】一个令人啼笑皆非的故事

记得我还在读研究生的时候，导师有一个课题，让我们定期到一所初中，给初中一年级的某个班做智商测试，使用的是韦克斯勒智力量表。这个班很特殊，全班同学都是从全市小学生中择优选拔出来的，他们必须在高一之前参加高考。这就是早年的少年大学生预科班。

懂点心理学或智商测试的人都知道，一般情况下是不建议给孩子做智力测试的。因为测试结果对测试者及其父母的影响太大，如果测出来智商高还好，可能带给测试者及其父母更多的是积极正面的作用。如果测试结果不理想，那对测试者及其父母可能造成很大的打击。

出于这个考虑，我们在采集研究数据时，要恪守职业道德，不能告诉老师和家长测试结果。可是这个班的班主任老是追着我问测试结果，因为经常麻烦他，不好拂他的面子，无奈之下，我只好找了一个折中的方案，那就是我只告诉班主任他们班上智商测试成绩最好的孩子的名字。我觉得这样对这个孩子或许有益，不会给别的孩子造成伤害。

可是，我话音未落，班主任就一拍大腿，非常懊恼地说："完了！完了！我把他调到普通班了！"

我说："为什么？"

他说："我看他调皮捣蛋，还有些偏科。"

我说："那你告诉我，你觉得你们班上哪位同学综合素质最好？"

他告诉我一个学生的名字，但测试结果显示这个孩子的智商在这个班上只处于中上等水平。

从这个颇具戏剧化的故事中，我们可以看到，智商并不是影响学习成绩的唯一因素。除了智商之外，非智力因素也是非常重要的。

【案例】当天资遭遇负面情绪

有一次，一对母子来到了我的咨询室。孩子上初中二年级，因为一到考试就容易肚子痛、发烧、拉肚子等，就去做中医推拿，被中医师转介到我这里。母亲向我表达了对孩子的担心。她说，孩子这么大了，还不敢独自一个人睡，还和母亲住一个房间，他自己睡一张床，妈妈和妹妹睡一张床。即使处在这么小的年纪，孩子还经常失眠。母亲明显表达出对孩子的失望，觉得孩子的表现还不如还在上幼儿园的妹妹。母亲还认为，孩子很聪明，可就是不好学习，总是出现各种状况。

我给孩子做了一个瑞文标准推理测验。测验结果让我非常惊讶。我从事这项工作十多年了，参加测评的人数以万计，我很少遇到全部答对的测试者，这个孩子竟然全部答对了。可是，孩子知道了这个结果，一点也高兴不起来，他说："如果妈妈知道这个结果，会对我有更高的要求。"

孩子说："我为什么那么害怕考试，考前会那么紧张呢？就是因为妈妈特别在乎我的成绩。我心情不好就是因为我太在乎我妈妈怎么看我。我每天都得看妈妈的脸色生活。只有妈妈高兴了，我才能高兴得起来。可是妈妈对我要求那么高，总是对我的表现不满意。她不高兴，我就高兴不起来。"

说到最后，孩子非常愤怒地说："妈，你就是养一条狗，养了十多年，也会有感情吧？可你为什么就是不喜欢我，不爱我？"

妈妈说："你以为我傻啊！就你现在这个样子，叫我怎么喜欢你？"

我让孩子离开了一会儿，单独和孩子的妈妈谈话。

我看到了这位妈妈对孩子的高压、高期许和不接纳，妈妈的言行给孩子造成了一些伤害，导致孩子的情绪状态不好。我向她强调妈妈对孩子的爱和接纳的重要性，希望她能做出一些调整，否则这个孩子的状态很难好转。

令人非常欣慰的是，这位妈妈是一个非常聪慧且有领悟力的人。她很快就意识到自己的问题，而且非常愿意做出调整。孩子在我这里接受了几次辅导之后，就再也没有来过。

过了一年，这位妈妈告诉我孩子现在的状态非常好，考上了一所非常好的高中。后来，我经常听到孩子进步的消息，孩子的成绩排在级部第二十多名，高二分班时被分到了重点班。

从这个个案中可以看出，孩子的天资非常好，但是亲子关系、家庭氛围成了限制孩子潜能发挥的重要因素。值得庆幸的是，这位妈妈做出了调整，改善了亲子关系，消除了孩子的负面情绪，从而使孩子发生了改变。

【案例】学习方法不得当导致成绩一路下滑

曾来找我咨询的一个高二女孩的情况具有一定的代表性。这个女孩是通过自己的努力考上一所优质高中的，按常理说孩子的学习非常好。可是，到了高中之后，她的成绩一路下滑，这背后究竟发生了什么？

我评估了孩子的整体学习情况，发现她几乎没有什么好的学习方法。在和她父亲的沟通中，我们找到了背后的原因。那就是在初中父母可以辅导孩子，可以监督孩子的学习。因为父母的方法得当，所以孩子的成绩一直不差。可是上了高中之后，孩子开始住校，父母无法监督她，而孩子并没有从过去的学习中体悟到父母正确、科学的学习方法。孩子没有了父母的监督，自己又不主动想办法，成绩下滑到这个地步就不奇怪了。

托尔斯泰曾经说过："幸福的家庭都是相似的，不幸的家庭各有各的不幸。"同样可以将这句话套用在学习上。我从事学习心理辅导十多年，见过各种各样的孩子，成绩好的孩子都是相似的，成绩差的孩子各有各的问题。

这些年，我遇到了不少优秀的孩子，既聪慧又具有良好的学习品质，而且掌握了科学有效的学习方法。这些孩子只需要调整一下学习的状态和情绪，就会变得更好。然而，那些在学习上有困难的孩子，大多在学习方法、学习品质等方面存在问题，只要稍加调整，就能够在短时间内提高成绩。

一、感觉统合失调导致成绩差

有一些孩子看起来很聪明，理解能力很不错，只是孩子的大脑和身体各部分的协调功能出现了障碍，使得学习成绩不是很理想。这种情况被称为感觉统合失调。这类孩子一般在幼儿阶段就有相应的表现，只是当时这种表现往往被父母忽视，到了小学低年级阶段，这些行为影响到了学习，才被父母重视起来。

（一）感觉统合失调的表现

感觉统合失调的简称是感统失调。感觉统合属于大脑的功能，感觉统合失调属于大脑功能失调的一种，也可称为学习能力障碍。感觉统合是指将人体器官各部分感觉信息输入、组合起来，经大脑的统合作用，对身体外的知觉做出反应。只有经过感觉统合，神经系统的不同部分才能协调，使个体与环境顺利接触；如果没有感觉统合功能，大脑和身体就不能协调发展。感觉统合失调的主要表现有前庭平衡功能失常、视觉感不良、触觉过分敏感、听觉感不良、本体感失调、动作协调性差等几种。

1.前庭平衡功能失常。属于这种类型的孩子的主要表现为好动不安，走路易跌倒，注意力不集中，上课不专心，爱做小动作，容易违反课堂纪律，容易与人发生冲突，调皮任性，爱挑剔，很难与其他人同乐，也很难与别人分享玩具和食物，不能考虑别人的需要，还可能出现语言发展迟缓、语言表达困难等情况几种。

2. 视觉感不良。属于这种类型的孩子的主要表现为无法顺畅地阅读，经常出现跳读或者漏读，写字时易将偏旁部首颠倒，甚至不识字，学了就忘，不会做计算题，常抄错题、漏抄题等。

3. 触觉过分敏感。属于这种类型的孩子的主要表现为紧张，孤僻，不合群，害怕陌生的环境，爱咬指甲，爱哭，爱玩弄生殖器，过分依恋父母，容易产生分离焦虑，爱惹别人，偏食或暴饮暴食，脾气暴躁等。

4. 听觉感不良。属于这种类型的孩子的主要表现为对别人的话听而不闻，丢三落四，经常忘记老师说的话和布置的作业，听写时总是听不清或漏掉信息等。

5. 本体感失调。属于这种类型的孩子的主要表现为缺乏自信，易消极退缩，手脚笨拙，语言表达能力极差等。

6. 动作协调差。属于这种类型的孩子的主要表现为平衡能力差，走路容易摔倒，经常出现摔伤，不能像其他孩子那样会翻滚、骑车、跳绳和拍球，动手能力差，精细动作发育不良等。

（二）感统失调的原因

现如今，存在感统失调情况的孩子不少，感统失调的原因包括以下几方面：

1. 生理原因（先天性的）。这类原因包括以下几种：由胎位不正引起的平衡失调；因早产或剖宫产造成幼儿压迫感不足，导致触觉失调；母亲怀孕期间吃药和打针不当对幼儿造成伤害；等等。

2. 环境及人为的原因（后天性的）。这类原因包括以下几种：儿童活动范围变小，大人对幼儿过度保护，事事包办，导致儿童接收的信息不全面；父母太忙碌，陪伴孩子的时间较少，造成幼儿右脑感官刺激不足；出生后，孩子没有经过爬行阶段就直接学习走路，导致前庭平衡失调；父母或保姆不准孩子玩土、沙等，害怕脏，造成幼儿缺乏触觉刺激；过早地使用学步车，使幼儿前庭平衡失调及头部支撑力不足；父母的要求太高，管教太严，造成孩子压力太大；儿童自由活动时间太少；父母拔苗助长式的教育使孩子产生挫败感；等等。

以上这些影响因素叠加在一起，很容易使孩子出现感统失调现象。在我接触的个案中，有些剖宫产的孩子在出生后，由于大人照看得过于仔细，怕脏，很少让孩子下地玩耍，孩子的各种感知觉没有得到充分发展，还没有学会爬行就开始学走路。这样的孩子出现感统失调现象的概率比较高。存在感统失调情况的孩子在上小学时容易出现学习吃力的现象，因此家长的求助往往发生在小学阶段。孩子在 12 岁以前，通过训练很容易纠正感统失调的现象。我的爱人生孩子时选择了剖宫产，因为保姆性格退缩内向，爱干净，孩子没有怎么爬就会走路了。我们在孩子小时候没有特别注意这方面的问题。等到孩子稍大一点，我发现孩子的协调性比较差，很晚才学会双脚离地跳。于是，我们就让孩子接受了一年的感统失调训练。经过训练后，孩子的动作协调性提高了不少。

二、学习情感有问题，导致成绩差

近些年，我经常遇到孩子撂挑子不上学的现象。这种现象在我们这一代人中是很少见的。在我们那个年代，少数孩子不上学，往往是因为在学习上有困难，甚至留级好几回，觉得自己确实学不下去，于是主动和父母商量不上学了。即便是这样，孩子也会给自己找个出路，比方说学一门手艺或者出去打工。从这一点来说，那时候的孩子还是很有责任感的。

而现如今，孩子不想上学的原因往往是压力太大。孩子往往不会自己主动提出不想上学了，因为父母是绝对不允许孩子不上学的。孩子会找出各种托词，其中最常见的托词就是肚子疼。父母关心孩子的身体健康，带孩子到大医院检查，并不能查出任何器质性病变。慢慢地，孩子从偶尔不上学变成了长期不上学。一般来说，这类孩子在学习情感上出现了问题。

孩子的学习情感受到伤害可能的原因是：父母对孩子的期望很高，总是给孩子施加很大的压力，很少欣赏、鼓励孩子，经常批评、指责孩子，久而久之孩子就厌倦了、放弃了；家庭环境比较差，有的父母不和，有的家庭经济困难，有的家庭结构不全，总之，家庭中有不少事让孩子挂念，以至于孩子无心学习；孩子在学校里有太多不愉快的经历，有的经历与老师有关，有的经历与同学有关，孩子在学校里的人际关系不和谐，导致孩子不敢去或不愿去上学。凡此种种，并不是孩子的学习能力出了问题，而是孩子的学习情感出了问题，孩子便没有了学习的劲头，厌倦了上学。

第二节　容易被忽视的注意力

【案例】两个有趣的小学生

记得孩子在一年级的时候，有一次我去参加学校开放日活动。作为一个学心理学的家长，参加开放日活动的重要意义是去观察自己孩子的上课状况。到底孩子上课时能否注意听讲？能否积极回答老师的提问？

可是，那天非常不凑巧。我孩子个子矮，坐在第一排，而我恰好坐在最后一排，孩子在我的正前方，我完全看不到孩子的情况。既然看不到，我索性就去观察身边的几个孩子。

上课时，我看到我右前方的一个男孩从书包里抽出一本课外书，不听老师讲课，自顾自地看了起来。男孩旁边的一位同学就对他说："老师说了，上课不能看课外书！"

看书的同学斜了他一眼，依然故我。

旁边的同学又说："老师说了，上课不能看课外书！"

两个人就这样一来一去，折腾了一堂课。

如果这是两个同学上课时的常态，那么不免令人担忧。在孩子上小学低年级的时候，这些不好的行为习惯容易被学习成绩蒙蔽，毕竟孩子需要学的知识少，内容简单。即使孩子没有好好听课，父母稍稍辅导孩子学习，孩子也能掌握学习内容。可是父母能辅导孩子到什么时候呢？可见，专注力有多重要！一个学生如果上课时不专心听讲，听课效果不好，将来成绩好的可能性几乎为零。

注意是指心理活动或意识对特定对象的指向和集中。注意有两个特征：指向性和集中性。注意的指向性是指心理活动或意识选择了某个对象，而离开了其他对象。比方说，在听课时，学生将注意力集中在课堂上，调动自己的感知觉、记忆、思维等紧跟老师的讲课内容。注意的集中性是指心理活动停留在被选择的对象上，从而忽视了其余对象，例如，医生在做复杂的外科手术时，他的注意力高度集中在病人的病患部位和自己的手术动作上，与手术无关的其他人和物，便落在了他的意识中心之外。

教育家乌申斯基曾精辟地指出："'注意'是我们心灵的唯一门户，意识中的一切，必然都要经过它才能进来。"注意力是智力的五个基本因素之一，是记忆力、观察力、思维力、想象力的准备状态，所以注意力被人们称为心灵的门户。毫无疑问，注意力在学习过程中是最为重要的因素。在给学生做学习心理辅导的过程中，我很关注学生在学习时是否专注。尤其是给参加直升或自招考试（这些孩子往往是学生中的佼佼者）的学生做辅导时，我发现他们都很专注，认真地听我讲的每一句话，所以这些孩子的成绩好是必然的。

一、注意力不集中的表现形式

注意力不集中，也就是不专心，是在学生中十分普遍的现象，也是最困扰家长的问题之一。其表现形式多种多样，归纳一下，主要包括以下几种：

1. 容易分心。不能专心地做一件事，注意力很难集中，常常容易被别的事情转移注意力。

2. 学习困难。上课不专心听讲，易走神，学习成绩不稳定，健忘，厌学，写作业或考试时经常因马虎大意而出错。

3. 活动过多。在任何场合下都无法安静，手脚不停地动，不断插嘴，干扰大人的活动，平时走路急促，经常无目的地乱闯乱跑，不听劝阻。

4. 冲动任性。情绪不稳定，易变化，常常不假思索就得出结论，行为不计后果。

5. 自控力差。不遵守规章秩序，不听老师、家长的劝告，做事毫无章法，随随便便，不能与别人很好地合作，容易与他人发生冲突。

需要提醒的是，如果孩子注意力不集中的情况不是很严重的话，家长不要轻易对孩子说他患有什么病，不要给孩子贴标签，否则，可能会造成更多的负面影响。

二、注意力不集中的形成原因

孩子注意力不集中的形成原因通常有以下几种：

1. 生理原因。孩子大脑的发育不完善，神经系统的兴奋和抑制过程发展不平衡，因此自制力差。这是正常现象，只要教养得法，随着年龄的增长，绝大多数孩子能做到注意力集中。

2. 病理原因。轻微的脑组织损害、脑内神经递质代谢异常容易导致孩子注意力不集中。另外，有听觉或视觉障碍的孩子也会被误以为充耳不闻、不注意听或视若无睹。这类情况需要得到专科医师的治疗才能有所改善。

3. 环境原因。进食糖果、含咖啡因的饮料或掺有人工色素、防腐剂的食物，会刺激孩子的情绪，影响专注度。此外，孩子的学习环境混乱、嘈杂、干扰过多，也会影响孩子的注意力。

4. 家长的教育方式。家长可从以下几个方面自查，看看自己的教育方式是否影响了孩子的注意力。

（1）父母的教养态度是否一致？

（2）是否宠爱孩子，使孩子缺少行为规范？

（3）是否为孩子买了过多的玩具或书籍？

（4）家庭生活步调是否太快，令孩子不能适应？

（5）家里的活动是否太多，无法给孩子提供安静的环境？

（6）孩子在学习的过程中是否积累了太多不愉快的体验？

（7）孩子是否存在压力？家长是否过多地批评、数落孩子？

5. 心理原因。孩子为了引起他人的注意，得到关注，或者为了逃避父母施加的过重的负担，便下意识地做一些出格的事来达到目的。

三、注意力的训练方法

可以通过训练来提高注意力，在采用训练方法的同时，我建议家长和孩子之间要有高质量的亲子互动。家庭中和谐的氛围、孩子稳定的情绪以及注意力的训练，能使孩子提高注意力。这里为大家推荐几种有效的训练方法。

（一）舒尔特表

舒尔特表训练是国际通行的、有效的视觉定向搜索训练。心理学上用这种表来研究心理感知的速度，可以通过这种训练来提高视觉定向搜索运动的速度。

为了提高注意力，可以选择有相应难度的舒尔特表逐级训练。即使没有现成的舒尔特表，也可以自行制作。以 5×5 的舒尔特表为例，在一张有 25 个小方格的表中，将 1~25 打乱顺序，填写在表里（见下图 2.1）。

15	20	11	22	10
13	5	2	3	14
6	25	7	12	1
23	4	21	8	19
18	9	16	24	17

图 2.1　舒尔特表示例

训练时，让孩子以最快的速度从 1 数到 25，要边读边指出，同时计时。研究表明，7~8 岁的儿童按顺序找完 5×5 表上的全部数字的时间是 30~50 秒，平均时间为 40~42 秒；12 岁以上的使用者看一张图表的时间是 25~30 秒，有些人可以将时间缩短到十几秒。父母可以给孩子多制作几张这样的训练表，每天训练一遍，相信孩子的注意力水平一定会逐步提高。

（二）数字传真

如果说舒尔特表训练法主要用来训练人的视觉专注力，那么数字传真训练法主要用来训练人的听觉专注力和机械记忆能力。

训练方法：

方法一：家长和孩子可以互换角色，一个扮演主测者，一个扮演被测者。主测者报一个 3 位数的数字，被测者必须将它复述出来。可以逐步提高难度，从 3 位数到 4 位数，一直上升。被测者如果连续两次复述错误，就终止游戏，记下被测者的成绩（其成绩为数字的位数）。双方互换角色，重复上述过程。家长要注意的是，为了调动孩子的积极性，偶尔要示弱。

方法二：其余步骤与方法一相同，不同的是，复述时不是同样复述，而是逆序复述。比方说，主测者报的数是"853716"，被测者需要复述成"617358"。

（三）连连看

连连看是一款经典的小游戏，其目标是在限定的时间内消除所有相同的图案。用鼠标左键点击两个相同的图案，如果图案间的连线转折不超过 2 次，并且不经过其他图案，即可消除这两个图案。可以通过这个游戏来训练人的观察力。这个游戏特别考验一个人的眼力。

（四）听写法

听写法既可以通过两人互动练习，也可以通过一对多互动练习，也可以由一个人自主练习。

训练方法：

方法一：一对多互动，主测者读听写的内容，被测者写下主测者所读的内容。听写的内容通常是词汇、句子，可以逐步增加句子的长度，也可以逐步增加难度。另外，也可以让主测者刚开始读三遍听写的内容，然后改为读两遍，最后逐渐过渡到只读一遍。

方法二：一个人自主复习，需要借助有暂停功能的播音设备。和方法一一样，逐步提高训练难度。两种方法的区别在于，方法二没有他人监督，需要自我监督。

（五）默抄法

默抄法不同于我们日常的抄写。在日常的抄写中，有些人只要手眼协调，就可以不走心地快速抄下去。默抄法要求抄写者看一句抄写的内容，然后用心记住，书写的时候不可以再看。默抄法评估的维度有两个，一个是抄写的时间，另一个是准确度，可以通过与原文内容对比得出准确度。经常使用默抄法抄写，不但能训练专注力，还能提高学习成绩（只要抄写内容和考试有关，比方说抄课文、例题、范文等）。本书第三篇详细地介绍了默抄法的使用步骤。

（六）找差异

训练方法：仔细听几组句子中的甲、乙两句话，快速找出乙句中与甲句不同的地方。

第一组：

甲：树林里的动物和植物充分享受着大自然的阳光和雨露，自由自在地成长。

乙：森林里的动物和植物充分享受着大自然的阳光和雨露，自由自在地成长。

第二组：

甲：我有一个美丽的愿望，长大后做一个植物学家，种出世界上最美丽的花送给妈妈。

乙：我有一个美好的愿望，长大后做一个植物学家，种出世界上最漂亮的花送给妈妈。

第三节 明察秋毫：观察力

【案例】黄磊与《非诚勿扰》

在《非诚勿扰》节目中，孟非老师如同"铁打的营盘"，邀请的嘉宾如同"流水的兵"。在"流水的兵"中，我最喜欢黄磊老师。后来才知道，原来黄磊老师是我的江西老乡。黄老师在《非诚勿扰》中有个绝活，就是猜男嘉宾的心动女生总是很准。面对24位佳丽，依照概率来说，一般人猜对的概率应该是二十四分之一，据统计，黄磊猜对的概率高于二分之一，因此有人戏称黄磊为"黄半仙"。

我认为，黄磊之所以具备这个"特异功能"，是因为他是一个资深演员，一位电影学院的教师。一个演员应该具备的一项基本功就是独到的观察力。艺术来源于生活。没有对生活的体察入微，就无法将角色的各种心理状态演绎出来。所以，一个资深演员一定善于观察生活中各种人物的细节。

我认为这世界上有几类人必须善于观察。其中一类人是演员，如果看过张艺谋导演的电影《我的父亲母亲》，就会明白演员的表现力有多么重要，因为剧中旁白居多，人物间的对白很少，诸多的情绪、情感只能通过肢体语言去表达，如果这些演员的动作不传神，电影就会逊色很多。

还有一类人是心理咨询师。我曾经有一段时间坐公交车上班，上车之后，往往会注意一下谁更有可能在下一站下车。不能说百分百准确，但十次里面有六七次是正确的。有一次和爱人一起坐公交车，一上车，我扫视了一番，就让爱人到某个人身边站着。果然那个人在下一站就下车了。

还有一类人是安全部门的审讯人员，他们必须有高超的读心术。

很多家长觉得记忆力非常重要，不惜花重金让孩子参加培训，希望孩子提高记忆力。其实，观察力在学习中的重要性不输于记忆力。一个孩子如果没有观察力，就没有可供大脑加工记忆的原材料。尤其是在如今资讯非常发达的时代，面对铺天盖地的资讯，应该如何收集、如何辨别、如何取舍，就成为每一个人都要面对的难题。

给孩子一双慧眼吧！会观察才会学习！

观察力是指大脑对事物的察觉能力。观察力是否敏锐决定了观察者从观察对象处得到的信息的多寡。记忆只是对目标内容进行识记、存储和提取的过程。没有观察力，就没有可供大脑加工记忆的原材料，记忆力的好坏就无从谈起。所以说，一个人的认知能力首先体现在能专注于做某一件事情，其次体现在能调动感官对事物进行观察，再次体现在能将观察结果存储在大脑里，将来能将其提取出来，使其被思维和想象加工。这一系列的过程就体现了一般能力的五个方面：注意力、观察力、记忆力、思维力和想象力。注意力是一切能力的基础，观察力和记忆力是高级思维运作的前提条件。

一、观察力的特征之一：目的性

一个人在进行感知时，如果没有明确的目的，那只能算是一般感知，不能被称为观察。感知活动具有了明确的目的，才能被称为观察。因此，目的性是区分一般感知力和观察力的重要依据。一般感知力和观察力会相互影响，一般感知力强的个体能获取大量的信息，给进一步学习提供素材。比方说，一个耳聪目明的人，往往观察力强。同理，观察力的纵深发展会提高个体的一般感知力。比如说，一个经验丰富的反扒警察能够在人群中辨识出谁是扒手。

在观察前，需要制订观察计划，在观察计划中明确观察对象、观察要求、观察的步骤和方法。一般来说，不论是长期、系统的观察，还是短期、零星的观察，都需制订观察计划，以便遵照执行。

在进行观察时，必须勤做记录。通过观察得到第一手资料非常重要，做记录是保存第一手资料最可靠的手段。应将观察内容记录得系统全面、详尽具体、正确清楚，并且应该持之以恒地做记录。

实践证明，要做好观察记录，特别是做长期系统的观察记录（如写观察日记），必须坚持到底，持之以恒，切忌为山九仞，功亏一篑。气象学家竺可桢几十年如一日地对气候变化进行观察，并记录物候和天气，测量气温、风向、温度等气象数据，直到逝世的前一天。这些宝贵的数据为《物候学》的编写积累了丰富的资料。

二、观察力的特征之二：条理性

杂乱无序是观察的大忌。无论是进行长期的观察，还是进行短期的观察，都要求观察者做到全面系统、有条不紊，都不应该随随便便、杂乱无序。

一般来说，观察的方式有以下几种：

1.按照事物出现的时间顺序，由先到后地进行观察。

2.按照事物所处的空间顺序，由远及近或由近及远地进行观察。

3.根据事物本身的结构进行观察，例如由外到内、由内到外、由上到下、由左到右、由局部到整体、由整体到局部等。

4.根据事物的外部特征，由大到小或由小到大地进行观察。

有条理地进行观察，可以保证输入的信息具有系统性、条理性，便于智力活动对这些信息进行加工、编码，从而提高智力活动的速度与正确性。如果一个人做事杂乱无章，那他所获得的信息也是杂乱无章的，甚至还可能影响智力活动的正确性。他要想在一堆乱麻中理出一个头绪来，就要花费较多的时间和精力。

【资料】荷塘月色（节选）

曲曲折折的荷塘上面，弥望的是田田的叶子。叶子出水很高，像亭亭的舞女的裙。层层的叶子中间，零星地点缀着些白花，有袅娜地开着的，有羞涩地打着朵儿的；正如一粒粒的明珠，又如碧天里的星星，又如刚出浴的美人。微风过处，送来缕缕清香，仿佛远处高楼上渺茫的歌声似的。这时候叶子与花也有一丝的颤动，像闪电般，霎时传过荷塘的那边去了。叶子本是肩并肩密密地挨着，这便宛然有了一道凝碧的波痕。叶子底下是脉脉的流水，遮住了，不能见一些颜色；而叶子却更见风致了。

月光如流水一般，静静地泻在这一片叶子和花上。薄薄的青雾浮起在荷塘里。叶子和花仿佛在牛乳中洗过一样；又像笼着轻纱的梦。虽然是满月，天上却有一层淡淡的云，所以不能朗照；但我以为这恰是到了好处——酣眠固不可少，小睡也别有风味的。

月光是隔了树照过来的，高处丛生的灌木，落下参差的斑驳的黑影，峭楞楞如鬼一般；弯弯的杨柳的稀疏的倩影，却又像是画在荷叶上。塘中的月色并不均匀；但光与影有着和谐的旋律，如梵婀玲上奏着的名曲。

荷塘的四面，远远近近，高高低低都是树，而杨柳最多。这些树将一片荷塘重重围住；只在小路一旁，漏着几段空隙，像是特为月光留下的。树色一例是阴阴的，乍看像一团烟雾；但杨柳的丰姿，便在烟雾里也辨得出。树梢上隐隐约约的是一带远山，只有些大意罢了。树缝里也漏着一两点路灯光，没精打采的，是渴睡人的眼。这时候最热闹的，要数树上的蝉声与水里的蛙声；但热闹是它们的，我什么也没有。

这是朱自清所写的《荷塘月色》中非常精彩的三个段落，我们能从中看到作者的观察顺序，先从荷塘水面的叶子写起，然后过渡到月光，最后写荷塘周围的树。作者大体遵循从低到高、从中间到四周的观察顺序。没有观察就没有写作，没有感触就无法写出触及读者心灵的文字。

三、观察力的特征之三：敏锐性

观察力的敏锐性是指观察者善于迅速发现易被忽略的信息。观察力的敏锐程度往往与一个人的兴趣密切相关。不同的人在观察同一现象时，会因为不同的兴趣而注意到不同的事物。

浓厚的兴趣可以让观察者变得更加敏锐，例如，同在乡野逗留，植物学家会敏锐地注意到各种不同的庄稼和野生植物；动物学家则会注意到各种不同的家畜和野生动物。达尔文曾经谈到自己和一位同事在观测一个山谷时，对某些意外的现象视而不见，他说："我们俩都没有看见周围奇妙的冰河现象的痕迹；我们没有注意到有明显痕迹的岩石和耸峙的巨砾……"显然，达尔文对各类生物的观察力是非常敏锐的，但对地质现象没有什么兴趣。生活中常有这种现象，比方说一个怀孕的女性走在大街上，就会觉得满大街都是孕妈妈。

观察力的敏锐性还与一个人的知识经验密切相关。一个知识渊博、经验丰富的人，在错综复杂的大千世界中，自然容易观察到许多有意义的东西。相反，一个知识面狭窄、经验贫乏的人，面对许多被观察的对象，总有应接不暇的感觉，结果什么都发现不了。当然，知识对观察的敏锐性还有消极作用。有些人常常根据已有知识对一些事物进行主观臆断。歌德曾说过："我们见到的只是我们知道的。"

四、观察力的特征之四：准确性

在观察过程中，观察者首先应该正确地获得与观察对象有关的信息，不只是注意搜寻那些预期的事物，还要注意那些出乎意料的情况。

其次，观察者要对事物进行精确的观察：既能注意到事物比较明显的特征，又能觉察出事物比较隐蔽的特征；既能观察事物发展的全过程，又能掌握事物各个发展阶段的特点；既能综合地把握事物的整体，又能分别考查事物的局部；既能发现事物的相似之处，又能辨别它们之间的细微差别。

再次，要注意搜寻事物的每一个细节。一个能够精确观察事物的人，在观察事物的过程中，就会避免使用简单、传统、老套的方式，而会选择不寻常的、具有创新性的方式，这往往是观察者富有创造力的表现。

第四节　智库来源：记忆力

记忆是指通过识记、保持、再现（再认、回忆）等方式，在人们的头脑中积累和保存个体经验的心理过程。用信息加工的语言来说，记忆就是人脑对外界输入的信息进行编码、存储和提取的过程。

记忆和学习是密不可分的，但过度夸大记忆力在学习中的作用是不可取的。就考试题型而言，文科的填空题、选择题更倾向于考查学生的记忆力，但是材料题考查的就不仅仅是学生的记忆力了，还包括学生的理解力、思维力、判断力、综合分析能力等。

记忆是一种积极能动的活动。人的大脑会对信息进行编码加工，使其成为大脑容易接受的形式。现代心理学认为，人们只能记住经过编码的信息。比方说，想要记住"13905322008"这一串数字，可以将其编码成一个手机号，号段是"139"，"0532"正好是青岛的区号，"2008"是北京奥运会的举办年份。经过这样编码的过程，就能非常容易地记住这串数字。

人们对外界信息的接受是有选择性的，通常只会有意识地识记那些对当事人的生活有意义的事物。记忆的选择性会造成马太效应。比方说，对于上面的那串数字，如果一个人不了解手机号码的编排规律，那么他在识记这串数字时，可能就会有困难。假如一个人从来没有用过手机，也没有给别人打过电话，那对于他来说，想要记住这串数字，就可能有困难。了解手机号码编排规律的人，就能比较容易地识记这串数字。也就是说，强者更强，弱者更弱，这就是马太效应。

记忆还依赖于人们已有的认知结构，只有当输入的信息以不同的形式汇入人脑中已有的知识结构时，新的信息才能在头脑中扎根。比方说，我们要记住一个英文单词 blackboard，必须将它与过去学过的单词 black（黑色的）和 board（板）相结合才能记住。记忆的这种现象，有点像金庸小说中的吸星大法，武功高强的人能把敌人的功力吸收过来。知识、经验越丰富的人，吸收新知识的能力就越强。

德国心理学家艾宾浩斯试图探寻人类遗忘的规律。他拿自己作为测试对象，由于常用的词汇在生活中容易遇到，为了保证实验的严谨性，他自己编制了一些无意义的音节作为记忆的材料。通过严谨的实验控制，他得到了一些数据。研究表明，在学习之后立即开始出现遗忘现象，而且遗忘的速度并不是均匀的。最初遗忘的速度很快，之后速度逐渐缓慢。他认为"保持和遗忘是时间的函数"，根据实验结果绘成的描述遗忘进程的曲线，就是著名的艾宾浩斯遗忘曲线。

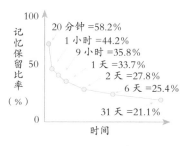

图 2.2　艾宾浩斯遗忘曲线

遗忘曲线对于英语学习的帮助

艾宾浩斯发现，假设刚记完时记忆保留率为 100％，20 分钟后，记忆保留率为 58.2％，1 小时后为 44.2％，8~9 小时后为 35.8％，1 天后为 33.7％，2 天后为 27.8％，6 天后为 25.4％。

通过观察遗忘曲线，我们可以发现，刚开始遗忘的速度很快，随着时间的推移，遗忘的速度逐渐减慢。这对于我们学习英语有很大的启示。很多人在学习英语的过程中，只注重当时的学习效果，例如，在听写前，对于一些天资聪颖的孩子来说，只要背诵一会儿，就能记个八九不离十。但是，这种记忆只是短暂记忆，如果不经过及时复习，就会很快将所学的内容遗忘。

艾宾浩斯遗忘曲线显示，虽然刚开始遗忘的速度很快，但是后来就逐渐变慢了，6 天后记忆保留率为 25.4％，第 31 天时的记忆保留率为 21.1％。这说明，对于记住了的内容，时间越久，保持得越牢固。所以，当我们背诵完学习材料之后，应该在一周内抓紧复习，让短时的记忆变成长时的记忆，从而在大脑中保留较长的时间。

按照艾宾浩斯遗忘曲线揭示的规律，为了避免遗忘，提高记忆保留率，有人做了科学的测算，认为在完全记住一份材料之后，最佳的复习时间点是：

1. 第 1 个记忆周期：5 分钟。

2. 第 2 个记忆周期．30 分钟。

3. 第 3 个记忆周期：12 小时。

4. 第 4 个记忆周期：1 天。

5. 第 5 个记忆周期：2 天。

6. 第 6 个记忆周期：4 天。

7. 第 7 个记忆周期：7 天。

8. 第 8 个记忆周期：15 天。

但就我个人的经验来看，上述通过理论核算的复习时间点在实际应用中意义不大。首先，我们很难做到在背诵完一个材料之后，再在 5 分钟后、30 分钟后、12 小时后等时间点进行复习。因为这样的安排容易被一些不可控的事件打乱。实验情境和生活实际还是有距离的。其次，艾宾浩斯遗忘曲线的记忆材料是一些无意义的音节，而我们背诵的英语单词是有意义的。在实际学习中，我们经常会重复使用这些单词，并不像实验中要求的那样，背诵之后完全不复习。基于以上考虑，我设计了一个背诵单词的时间安排表：

表 2.1　背诵单词时间安排表

内容安排	第 1 天	第 2 天	第 3 天	第 4 天	第 15 天
背诵内容	A	B	C	D	
复习内容	A	AB	ABC	ABCD	A

表格内容说明：

假定我们背诵的内容是第 1 天背诵 A 组词汇，第 2 天背诵 B 组，第 3 天背诵 C 组，第 4 天背诵 D 组。以 A 组词汇为例，背诵完 A 组词汇之后，当天需要复习一遍，接下来第 2 天、第 3 天、第 4 天都要复习，经过这几天的复习之后，就能记得比较牢靠。然后在第 15 天前后再复习一遍 A 组词汇，就会记得更深刻。

艾宾浩斯遗忘曲线不但对背诵英语单词有用，而且对学习历史、地理、政治等学科同样有用。不少同学在学习这些学科的时候，仅仅把材料和知识点背会了，就想当然地以为足够了，其实只背一次是不够的，很容易遗忘。需要将背诵材料熟练背诵 3~5 次，才能比较牢靠地记住。

说白了，让记忆变得牢固最好的方法就是：重复！重复！再重复！

【案例】方法对了，给你一个奇迹

我在这些年辅导了不少高中生，孩子在接受辅导后最容易提升英语成绩。不少同学刚找到我的时候，英语成绩在100~120分。接受了我的辅导以后，英语成绩很少低于135分，成绩最好的孩子有一次考了141分。

记得很多年前，有一个高三的孩子在寒假时才找到我。当时这个孩子的英语成绩在100分左右。我在第一次辅导时，会对孩子的词汇保持率进行评估。将孩子的词汇保持率乘以150将获得一个分值，在这个分值上下10分的区间就是这个孩子平时英语考试的大体成绩。如果出现例外，比如孩子的词汇量不高，但是英语成绩还挺好，那可能是因为孩子喜欢看英文影视剧或者爱听英文歌曲。当然，这一原则不适用于平时成绩低于110分的孩子，因为成绩较低的孩子，有一些题目是靠猜测完成的，成绩具有偶然性。

我给这个孩子做了评估，发现孩子的词汇保持率大体在44%。询问之下，才知道孩子不会背单词，导致词汇保持率不高。然后，我教给他背单词的新方法，让孩子回家尝试用新方法背诵单词。两周后，孩子背诵了700个单词（平均每天背诵50个单词），我检查了一下，孩子的词汇保持率达到94%。当时，我对这个孩子说："你看，你原来的记忆保持率只有44%，用我的办法后，保持率就提高到了94%。接下来你自己要好好背诵。"

没有想到的是，又过了两个月，孩子说他把剩下的单词全背完了。我抽样检测了一下，发现他的词汇保持率为92%。在不久之后的一次考试中，他的英语成绩提高到120多分。

第五节　问题解决能力：思维力

【案例】一个让我忍俊不禁的小故事

我的一个同事讲起一个她和她家小孩的故事，我听完之后，忍俊不禁。

同事的孩子那时候刚上幼儿园大班，有一天，同事对她女儿说："妈妈问你一个问题，10减3等于多少？"

孩子伸出两只手，将右手的食指、中指和无名指弯向手心。然后，从左手开始数起："1，2，3，4，5……"眼看胜利在望了，没有想到的是，孩子突然放声大哭。同事不得其解，说："孩子，你哭啥？你往下数，不就能得到答案了吗？"

孩子伸着只露出拇指和小指的右手，哭喊着说："爷爷告诉我，这是6！"

大家笑过之后，有没有想过孩子为什么会这样呢？其实，这个故事就是现代版的"揠苗助长"。

学龄前期的孩子处在前运算阶段（2~7 岁），包括处在具体运算阶段（7~12 岁）的孩子，他们在理解一些事物时，都离不开具体形象。

用大拇指和小指构成的手势，通常表示数字"6"。可是对于一个思维能力尚处在学龄前期的孩子来说，要理解这个手势的含义是有困难的。她的困惑在于将两个手指伸出来，究竟是"2"还是"6"。因为困难，才会失声痛哭啊！

大家还记得网络上有一段妈妈训练孩子背诵乘法口诀的视频吗？孩子边背诵边哭着说："三五一十五，三五一十五，三五一十五好难啊！"这说明大人不理解孩子的苦。孩子的思维发展有特定的顺序，当孩子还没有具备相应的学习能力的时候，家长硬逼着孩子去完成一项学习任务，这无异于"巧妇难为无米之炊"。

万事万物都有其发展规律。孩子的心智发展也有其特定的规律，教育孩子时应该遵循孩子心智发展的规律。可在现实生活中，不按照规律做事的父母和老师比比皆是。有时候，一个草率的决定会影响孩子一辈子。比方说，有些父母千方百计地让孩子提前上学，甚至有些预产期在 9 月 1 日之后的准妈妈会选择采取剖宫产的方式，让孩子提前出生。

可是这样做有什么意义呢？难道早上学就意味着孩子一定能在未来的竞争中领先一步吗？非也！孩子小的时候，发展变化快，两个相差 1 岁的孩子，其各方面的发育会有很大的差别，尤其是女孩普遍比男孩早熟，这样产生的差距会更大。假定准妈妈选择提前剖宫产，生的是一个男孩，那就意味着这个男孩要和前一年生日在9月的女孩竞争。除非孩子天资聪颖，否则就容易在比较中处于劣势。孩子不但不能因此获益，还有可能在比较中变得自卑。

其实，我国《义务教育法》规定满六周岁的儿童应入学接受义务教育，而且教材的编写遵循孩子的思维发展规律。比方说，在小学一年级的教材中，会在简单的加减法算式旁配图，帮助孩子理解。也就是说，刚开始学习具体运算的孩子，思维离不开具体事物，他们需要借助具体事物才能计算。

通常情况下，小学低年级孩子的数学成绩差异不大，到了四年级后，数学成绩就会逐步拉开距离。原因就在于，低年级的数学知识基本上是围绕自然数、整数，这些数值容易和事物的具体形象关联。到了小学高年级，数学内容开始涉及抽象概念，有些孩子理解抽象概念的速度迟缓一些，就会被别的孩子拉开差距。

思维不同于感觉、知觉和记忆，感觉、知觉是直接接受外界信息的刺激，并对输入信息进行初级的加工。记忆是对输入的信息进行编码、存储、提取的过程。思维是对输入的信息进行更深层次的加工。思维揭示事物之间的关系，形成概念，利用概念进行判断、推理，解决人们面临的各种问题。但思维又离不开感觉、知觉、记忆活动所提供的信息。只有在大量感性信息的基础上，在记忆的作用下，人们才能进行推理，做出种种假设，并检验这些假设，进而揭示感觉、知觉、记忆所不能揭示的事物的内在联系和规律。

第六节　智力的翅膀：想象力

表象是指事物不在面前时，人们在头脑中出现的关于该事物的形象。根据不同的感觉通道，可将表象分为视觉表象、听觉表象、运动表象等几种。根据不同的内容，可将表象分为记忆表象和想象表象等两种。记忆表象是指感知过的事物不在面前，而在脑中再现出来的该事物的形象，比方说想起自己旅游时的美丽风景。想象表象是指在头脑中对记忆表象进行加工改组后形成的新形象，有可能是个体从来没有看到过的形象，也有可能是世界上不存在的现象。

我们常说，读万卷书，行万里路，"行路"的目的是丰富一个人的经验、体验，经验、体验多了，个体的脑海中就会存储更多事物的表象，这些表象为思维提供了丰富的加工材料。如果一个人没有见过高架桥，大脑对这一类信息的加工就可能有偏差。读书的目的是通过阅读，间接体验我们在实际生活中无法亲身体验的一些东西，扩展人生的宽度。当然，在阅读的过程中，因为有些事物在生活中从未遇见，个体在加工这些事物时就会加入自己的想象。

个体积累的丰富的表象为概念的形成提供了感性基础，并有利于个体对事物进行概括性的认识。表象还能促进问题的解决，比如在数学中，有一个基本的数学思想是"数形结合"，就是指大脑在加工文字、抽象符号、概念有困难时，可以用图形将它具象化，这样有利于问题的解决。

想象是对头脑中已有的表象进行加工改造，形成新形象的过程。想象是人类的一种高级认知活动。自然界中的大部分生物智商不高，某些动物的智力和人类婴幼儿阶段的智力相当。人类的婴儿处于感知运动阶段，幼儿处于前运算阶段。绝大部分生物只能加工眼前的事物，如果离开眼前的事物，这些生物就什么也干不了。想象是人类才有的一种高级智力活动。

想象让人类有预见能力，能预判事物的发展方向。"胸有成竹""睹物思人""望梅止渴"都生动地刻画了人类想象力的替代作用，即便没有具体的人或物，个体依然能够通过想象来满足自己的部分需要。

想象能起到补充知识的作用。通过文字的描述以及想象，我们能体会原始人的生活状况，也能畅想人类未来的发展。

想象能对有机体的生理活动过程进行调节。我们可以通过静思、冥想来调整自己的心理状态。催眠是心理咨询师调动来访者的想象，达成调整机体状态的一种技术手段。孩童的想象力是非常丰富的，不伤害孩子的想象力，就是想象力最好的开发手段。

第七节　多元智力理论的启示

孔子早在两千多年前就提出"因材施教"。这个"材"是什么？我觉得加德纳的多元智力理论做了有益的补充。每一个人在这个世界上都是独一无二的，好的教育应该从每一个人的实际情况出发，为人父母者要尽量做到对孩子扬长补短。如果一个人能将他的优势发挥到极致，就可以"物尽其用，人尽其才"。

美国心理学家加德纳认为传统智力理论过于强调智能一元论观点，而现代社会对人的要求往往是综合的，传统智力理论已不能满足现代社会的发展需要。

加德纳认为，频繁使用智力测验，会导致人被分类、贴标签。传统智力理论认为语言能力和数理逻辑能力是智力的核心，智力是以整合上述两种能力的方式而存在的一种能力。但有研究者认为，这种定义仅徘徊在操作层面，并未揭示智力的全貌和本质。因此，加德纳提出了智力多元论的观点。

加德纳在《智能的结构》一书中把智力定义为"在某种社会和文化环境的价值标准下，个体用以解决自己遇到的真正难题或生产及创造出某种产品所需要的能力"。他认为，智力体现的不是一种能力，而是多种能力的组合；智力不是以整合的方式存在的，而是以相互独立的方式存在的。在此基础上，他还阐述了关于智力的种类及其基本性质的多元智能理论。

多元智能理论是一种新兴的智能理论，在理论取向上，既不采取因素分析法来决定智力的构成因素，也不用智力测验来鉴别智力的高低。加德纳认为，现行智力测验的内容，因偏重对知识的测量，而低估了人类的智力，甚至曲解了人类的智力。加德纳认为，可以将人类的智能分为以下八个范畴：语言智能、数学逻辑智能、空间智能、身体运动智能、音乐智能、人际智能、自我认知智能、自然探索智能等。

人与人之间的差异首先体现在某些领域的差异，比如有的人运动能力强，有的人音乐能力强，等等。有一些人的某项能力特别突出，还能得到伯乐的挖掘、赏识，以及父母的支持。为人父母者要仔细观察、评估自己的孩子。即使孩子的学习成绩不是特别突出，孩子也会有相对擅长的方面，也会有相对薄弱的方面。父母应该注意挖掘孩子突出的方面，帮助其扬长补短。

记得我还在上小学时，我的同桌在音乐方面比较有天分，他通过自学简谱学会了好多首歌。那时候没有网络，就连电视都是稀罕物，录音机和音响等也是奢侈品，学会一首歌非常不容易。那时候的父母总觉得通过正规考试上大学才是正事，甚至觉得学艺术不是什么光彩的事。

按理说，这个同学的父母都在国企上班，他们的观念理当比普通父母的观念更开放一些。可是，他的这个特长并没有得到父母的支持。到了高三的时候，他选择报考外语专业。那时，报考外语专业的学生需要在高考前到地区招考办公室参加口语加试。这个同学参加口语加试的时候，晚上去歌厅唱歌，歌厅老板还极力邀请他留下来唱歌。

这个同学最终没有考上大学，后来通过自学获得文凭，在医院上班。每当同学聚会，听到他一展歌喉的时候，我就想，如果当年他父母支持他学音乐，他的命运又会是什么样呢？

我觉得，加德纳的多元智力理论给我们最大的启示就是，无论是家庭教育还是学校教育，我们都要学会评估每一个教育对象的智能组合形式。好的教育，应该是从每一个孩子的具体实际情况出发，尽量将孩子的优势发挥出来，弥补孩子的短板，而且"扬长"重于"补短"。

在学校教育中，很多学科对语言能力和数理逻辑能力的要求很高。比方说，语文、英语侧重考查语言能力，而数学、物理、化学侧重考查数理逻辑能力。在学校里，那些运动能力强、音乐能力强、绘画能力强的孩子可能没有受到充分的重视，老师和父母应该对这类孩子多一些包容，尽量换个视角看待孩子，尽量让每个孩子的潜力发挥出来。

有些父母受到传统观念的影响，总是觉得通过参加文化考试考上大学才是正道，孩子的天分往往被埋没。我有一位朋友，他的孩子以优异的成绩直升青岛 58 中（58 中每年达到第一批本科录取分数线的考生超过 90%），可是上了 58 中之后，孩子在直升班里总是排在倒数第几名。孩子天天愁眉苦脸，他的妈妈也很着急，没有任何好办法。寒假时他妈妈和亲戚在一起聊天，说起孩子的现状，其中一个亲戚是画家，这位画家向妈妈建议，让孩子跟着他学习，看看将来是不是可以走绘画这条路。不试不知道，一试吓一跳。亲戚说孩子有很高的绘画天分，一天的学习顶得上别人学上一个月。我朋友一听，就鼓励孩子走绘画这条路。后来我了解到孩子考出了南京艺术学院专业课全国第十五名的好成绩。从孩子平时的文化课成绩来看，孩子的高考成绩达到这所学校的文化课分数线肯定绰绰有余。我朋友说，压根没有想到孩子在绘画方面有天分，要是早知道这样，直接考青岛 17 中就好了。

青岛又称"琴岛"，是一所艺术气息很浓的城市。唐国强、倪萍、林永健、黄渤、黄晓明等国内著名演艺明星都是青岛人。以青岛 17 中为例，最近几年这所学校声名鹊起，主要的原因就是 17 中美术特长班的高考成绩骄人。从 1999 年开始，该校每年都有考生考入中央美术学院、清华美术学院、中国美术学院、鲁迅美术学院等高校，这些高校都是业内翘楚。2016 年，该校有 14 名学生被中央美术学院录取。以 2017 年为例，该校有 65 名学生参加中央美术学院考试，41 人拿到合格证。我认为这是多元化教育的一大幸事。

第三章

影响因素之三：学习情感

很多来我这里咨询的家长被孩子学习成绩不佳所困扰。这些家长往往不明白，绝大部分孩子成绩不佳，并不是因为孩子学习能力不行。在这些孩子当中，有不少孩子不爱学、不愿意学、不积极主动学，只有很少一部分孩子不会学。孩子不爱学习说明孩子没有积极的学习情感。没有一出生就不爱学习的孩子，那么这些孩子为什么会发展出了消极的学习情感？为人父母者没有不想让孩子变好的，但是可能会在不经意间伤害孩子的学习情感，把孩子伤得体无完肤。有些孩子甚至会厌倦学习，撂挑子不上学。

第一节　伤不起的学习情感

一、没有生下来就不爱学习的孩子

再怎么强调学习情感的重要性都不为过。一个孩子如果不爱学习，就很难将学习搞好。

你相信一个孩子生下来就不喜欢学习吗？这是不可能的。所有的婴儿都对这个世界充满了好奇。刚学会说话的时候，孩子就爱指着东西问爸爸妈妈："这是什么？那是什么？"再大一点，孩子最喜欢问的是"为什么"。很多问题甚至让爸妈抓狂。

我家孩子还在上幼儿园的时候，曾经问过我一个问题，我至今都觉得这个问题很经典。他这样问我："爸爸，变色龙原本的颜色是什么？"我当时直接愣了。我说："孩子，我太喜欢你问的这个问题了，这绝对是一个经过思考才能提出的问题。"

前一阵，他又问我："爸爸，是地球的引力大，还是人的力量大？"

我说："地球的引力大吧，你想想，月亮那么大，都被地球吸引，绕着地球旋转呢。"

孩子说："可是，我拿着一个东西，为什么它不会掉下去呢？"

我这个文科生直接告饶。

既然孩子最初对这个世界是充满好奇的，是爱学习的，那么为什么有些孩子慢慢地就不爱学习了呢？

二、家长的陪伴是恰当的吗？

成就感可以使一个人对某件事情产生兴趣，因为他能从这件事情中获取积极正向的情绪体验。有些事情本身很少能直接给人反馈，只能借助周围人来给予当事人一些反馈。比如说，在学习活动中，老师对学生的赞许和夸奖，父母对孩子的肯定和鼓励，就是当事人体验到的反馈。

如果一个人在做某件事的过程中，从来没有拥有过任何积极正向的情绪体验，那么他是不可能喜欢做这件事的。假如孩子在班上的成绩排名进不了前五或者前十，那他可能在学校里获得的来自老师的赞许和夸奖就不会太多。如果家长希望孩子能继续努力下去，就要多给予孩子鼓励和肯定。

我经常说，很多家长需要向保险公司的主管学习。保险公司的业务员每天在外边跑业务，一天下来难免被打击，免不了碰一鼻子灰。于是，保险公司的主管每天都开晨会，专门给业务员打气。晨会结束了，业务员又斗志昂扬地去战斗了。可是，有些家长不但不给孩子打气，还经常充当"打手"或者"帮凶"，孩子不仅要面对来自学校的各种压力，还会受到家长的各种逼迫。

我经常这样启发家长：假如我们做一个社会调查，扛着一台摄像机，到海边去拍父母和孩子的表情，往往会发现，此时的父母和孩子都是开心、幸福的。如果我们给父母拍一个特写，就会发现父母的眼睛一直在追随着孩子的身影，而且父母会时不时地露出一丝微笑。可是，假如到了晚上，我们进入家庭去拍父母和孩子的表情，就会发现，当孩子写作业时，不少家长的表情是焦虑、着急、上火的，甚至略显狰狞。因为这个时候，家长充当了监工的角色。

让我们思考一下，孩子是更喜欢玩耍，还是更喜欢写作业？答案肯定是喜欢玩耍。道理很简单，因为如果孩子在写作业的过程中体会不到愉悦，那么他就不会喜欢写作业，不会喜欢学习。

在如今有一个普遍现象，只要不谈学习，就母慈子孝，一谈学习，就鸡飞狗跳。孩子会发现，自己不写作业时，妈妈就像天使，一写作业，妈妈就像"魔鬼"。孩子可能不会恨妈妈，而会恨作业。家长其实犯了一个非常明显的错误，那就是在孩子写作业的过程中，让负面的情绪体验一直伴随着孩子。

家长要善于发现孩子微小的进步，及时称赞孩子。即使孩子有做得不好的地方，还是要以鼓励为主。孩子的学习情感一旦受损，那是非常可怕的。一个不爱学习的孩子很难把学习搞好。

在生活中，有些父母文化水平很低，却把孩子培养得很好，但凡这样的父母都很尊重有知识、有文化的人。他们是怎样陪伴孩子学习的呢？

相信大家对下面这种情景并不陌生。一个孩子在灯光下写作业，母亲在旁边干活。母亲偶尔抬起头，看着在灯光下写作业的孩子，爱怜地对孩子说："孩子啊，别累着，写完了作业就早点休息！"孩子说："妈！我不累！我再写一会儿。"这是多么和谐的亲子互动啊！生活就是这样，家长越催孩子，越盯孩子的学习，孩子就越不愿意学习；家长不盯学习，关心孩子，不想让孩子累着，孩子就越努力。

记得有一年我在一所小学做了一场公益讲座，讲到上面这种情景时，有位妈妈当天晚上就照着做了。第二天，她在QQ群里说："刘老师，你太厉害了！昨天晚上，我看孩子写了一天作业，就对孩子说：'孩子啊，别累着，写了一整天了，早点歇着。'孩子真的对我说他不累，说他还能再写一会儿。这要是在以前，我想都不敢想。"

为人父母者一定要好好陪伴孩子，要善于看到孩子的努力和付出，善于发现孩子的优点和闪光点，既能给予孩子赞许，也能经常给孩子打气。有时候，父母需要向游戏学习。为什么孩子都爱玩游戏？因为游戏从来不骂人、不打人、不批评人，孩子失败了，没有过关，游戏还会说："加油哦！"孩子胜利了，过关了，游戏还会有奖励。如此一来，孩子怎么会不喜欢游戏呢？父母若不调整和孩子的沟通方式，怎么能和游戏抗衡呢？

三、重赏之下必有勇夫？

有一次，我打车时，正好拿着我的第一本书——《其实你不懂孩子》，司机看到了，就问我："你是在哪儿买到这本书的？"

我说："这是我自己写的书。"

他说："你可以卖给我吗？我给你钱。"

我说："真不好意思，我这本书是报材料用的，还真不能给你。"

他说："那我就问你一个问题吧。我家孩子上一年级，每次我让他写作业时，他总喜欢问，他写了作业我会给他什么。这究竟是怎么回事？"

我说："我估计是你在孩子小的时候，很喜欢跟孩子说，他做好了什么事你就奖励他什么东西。"

他说："的确是这样！"

我说："学习本身就能给孩子带来快乐，带来好的体验。如果父母动不动就用物质奖励孩子，孩子就喜欢讨价还价，变得好像为父母学习一样。"

其实，除了来自父母的肯定和赞许能强化孩子好的学习行为外，学习的结果也能强化孩子的行为。也就是说，父母要引导孩子从学习中体验到快乐，比如克服难题后的愉悦、写出范文后的自豪感和满足感等。对学习活动本身的喜欢是最好的学习动机。

可是有些家长是怎么做的呢？有些家长不懂得这其中的道理，用一些无知的行为伤害了孩子对学习的情感。比如说，一个孩子兴冲冲地拿着成绩单向家长报喜。

孩子："爸爸！这是我的考试成绩！"

爸爸："考得怎么样？数学 100 分，语文 98 分。不错！孩子，好好学习。下次只要你能考双百，你要什么礼物爸爸都给你买！"

孩子："真的吗？你可以给我买辆山地自行车吗？"

爸爸："没问题！"

孩子在学习过程中，原本能体验到学习带来的快乐，但是，得到父亲对物质奖励的承诺后，孩子的学习动机可能会变成对物质的追求。刚开始，孩子或许希望通过努力学习来获得自己想要的东西。但是后来，孩子觉得自己不太可能考双百，会对家长说："我不想要山地车了。"言外之意是他不想和家长玩这个游戏了。

孩子会觉得："我不要山地车还不行吗？我不想学习了。"

所以说，通过物质奖励来督促孩子学习并不可取。父母要多欣赏、鼓励孩子，当孩子达成某个学习目标之后，实现孩子的一些愿望，比直接给予物质奖励的效果好。物质奖励的效果是有限的。在企业管理领域，为了激励和留住核心员工，很多企业采取股权分配的方式，给核心员工分配股份，从而让核心员工把企业的事情当成自己的事情来办。在家庭教育中，一味地通过物质奖励来督促孩子学习，容易扼杀孩子的求知欲和学习主动性。

电视连续剧《东北一家人》中的一个情节生动地诠释了这个道理。在剧中，演员李琦扮演一位大爷。楼道里有个年轻人特别爱唱歌，可是，年轻人唱歌的水平实在令人不敢恭维。很多邻居不堪其扰，便纷纷劝说年轻人不要唱歌了。别人的劝说都不管用，小伙子还是整天唱。有一天，小伙子从大爷家的门前经过。大爷把小伙子叫住了。

大爷说："小伙子，大爷就爱听你唱歌，我给你100元钱，你接着唱！"

小伙子简直不敢相信，想不到唱歌还能赚钱。他确认大爷不是糊弄他，于是接过钱，说："大爷，你放心，我好好给你唱！"

过了几天，小伙子又从大爷的门前经过，大爷又把小伙子叫住了，说："小伙子啊，实在不好意思啊！大爷最近手头有点紧，我给你50元，你接着唱，你看行不？"

小伙子心里有些不痛快，可是一想，有钱总比没有钱强，就又答应下来了。

再过些日子，大爷又把小伙子叫住了，对小伙子说："小伙子啊，大爷的日子过得紧巴巴的，我给你5元钱，你接着给我唱歌，行不？"

小伙子非常干脆地说："花 5 元钱就想听我唱歌？不行！"

这是一个多么鲜活的例子啊！小伙子原来那么喜欢唱歌，不管别人怎么看，就是喜欢唱。可是，小伙子转移了唱歌的兴趣，一旦大爷调低了奖励的幅度，小伙子就直接放弃唱歌了。很多家长不就在重复着这样的故事吗？

第二节　亲其师，信其道

前面提到过，学习情感是指学习者在学习过程中对学习及其相关事物的态度、情绪、情感体验。父母都是过来人，都能深切地体会到，孩子对老师的情感会影响孩子这门功课的学习情况。有智慧的家长应该尽可能地在孩子心目中塑造任课教师的正面形象。如果家长经常在孩子面前谈论老师的不足之处，老师在孩子心目中的地位就会渐渐下降，进而可能让孩子讨厌老师。一旦孩子讨厌老师，就有可能导致孩子的学习成绩慢慢下滑。所以，家长在处理孩子和老师之间的冲突时，一定要注意方法。在这里，我给大家讲述一个故事，希望家长能从这个故事中汲取营养。

我曾经参加过一个家庭教育经验交流会，会上有几位家长上台介绍教育孩子的经验。其中有一位家长，她的孩子是一个名副其实的学霸，就读于一所非常好的高中，每次考试成绩都名列第一，最终被保送到清华大学。在和这位母亲交流的过程中，我发现这位母亲真的很了不起，她自己就如同一本厚厚的书，值得每一位家长好好学习。外人总是羡慕她有这么出色的孩子，可是，每个孩子的成长都不可能一帆风顺的。她讲了这样一件事：

"孩子刚上小学的时候，有一天，孩子回到家说他不想去上学了。我就和孩子沟通，听孩子说完才知道，孩子上幼儿园的时候，没有提前学习拼音，而很多孩子都提前学过，老师在班上提问拼音的时候，孩子没有回答上来。老师在班上责骂了孩子，说孩子是笨蛋。孩子心里挺难受的，于是跟我说不想去上学了。"

说到这里，我想问问诸位家长：如果是你的孩子遇到了这件事，你会怎么处理？我曾经就这个话题在群里发起过讨论。群里的家长们的处理方式大体分成两类：一类家长站在孩子这边，在孩子面前抱怨老师不应该这样对待孩子，有些家长甚至表示要到校长那里告状。其实，这种处理方式会让孩子对学校和老师的负面感受变得更严重，增加孩子不愿去上学的可能性。如果家长越过老师去校长那里告状，还会让事情变得更复杂。

另一类家长的处理方式是站在老师这边，对孩子说："老师的话有点过分。不过，不管怎么说，还是你做得不够好，如果你做得好的话，老师就不会训你了。"这样的处理会让孩子变得更加沮丧，还会打击孩子的自信心。

看看这位母亲是怎么做的吧！她安抚了孩子后，找到孩子的老师，对老师说："老师，我家孩子那天回家之后情绪不是很好。他说他回答不出您的问题。非常对不起啊！耽误了您的教学进度。"

这位家长的态度很好，老师很愿意与家长交流。

这位母亲说："老师，能不能恳求您一件事？"

老师说："不用客气，你说吧！"

这位母亲说："最近一个月，我想请您不要向我家孩子提问与拼音有关的题，给我一点时间，我帮孩子补习拼音。"

老师说："这没问题！"

这位家长处理得特别好。第一，让孩子免于再受伤害；第二，维护老师的面子；第三，帮孩子解决问题。最后孩子很好地解决了这个问题。

【案例】同学传我的笔袋

我孩子在上小学一年级时，有一天回来跟我说："爸爸，班上同学传我的笔袋！"因为从事心理咨询工作，我很注意孩子的情绪。于是，我说："那你的感受是什么？难受吗？"

孩子说："没事，他们就是开开玩笑！"

因为孩子没有觉得这是一件很严重的事，所以我就没有太在意。

可是，过了没多久，孩子又回来跟我说："爸爸，班上的同学传我的笔袋！"

我说："同学传你笔袋，那你怎么办？"

孩子说："他们传我笔袋，我就去追。可是刚要追上的时候，他们又传给了下一个同学。"

我说："那你好受吗？"

孩子说："他们好气人，我不开心！"

我说："那好，我来给你想办法。"

我于是让孩子妈妈第二天收拾书包的时候，准备了一支笔和一块橡皮，放在书包里的另外一个地方。

然后，我对孩子说："假如你挖了一个坑，然后做了很好的掩饰，伪装得很好，你希望有人能掉进去。你躲在不远处守着，等了十多天，没有一个人掉进去，你会觉得好玩吗？你还会挖坑吗？"

孩子说："不好玩！我就不挖了。"

我说："那就是了。同学传你的笔袋，你去追，看到你追不上的时候，他们觉得好玩。如果你不去追，他们就觉得不好玩了，就不会传你的笔袋了。我和妈妈说好了，另外给你准备了一支笔和一块橡皮。他们要是再传你的笔袋，你不用去追，拿出备用的笔和橡皮来，那样就不会耽误你的学习。"

很有意思的是，孩子第二天非常开心地对我说："爸爸，你太厉害了！他们今天传我的笔袋，我没有去追。结果他们又把笔袋还给我了。"

可是，事情还没有完。有一天，孩子回来说："爸爸，他们今天传我的笔袋，不知道把笔袋传到哪里去了！"我一看书包，笔袋的确不见了。

于是，我就问孩子："孩子，是哪位同学第一个传你笔袋的？"孩子把那位同学的名字告诉了我。

我立即在班级 QQ 群里找到了那位同学的家长，对他说："您好，我孩子说今天在教室里，你家孩子传我家孩子的笔袋，现在放学回到家，笔袋不见了。希望你能和孩子说说，同学间开个玩笑没关系，但是，别耽误了孩子的学习。"

我又将这件事告诉了班主任，希望班主任能在班里强调一下，最好别传同学的笔袋。

一年级的孩子还是很听班主任的话的。从那以后，再也没有同学传孩子的笔袋了。

孩子的学习情感不仅与具体的学习行为有关，还和在学校里的情感体验有关。孩子如果与同学的关系不好，就有可能产生一些负面情绪，也有可能对学校、班级、学习产生畏惧感，从而导致孩子不愿去上学。家长一定要注意孩子在学校的情感体验，过多的负面体验是孩子厌学的重要原因之一。

第三节　沟通与情绪处理

很多孩子看起来并不笨，但学习成绩不好。这有可能不是因为孩子的学习能力差，而是因为孩子心中有太多的情绪问题。孩子不愿学、不喜欢学、不积极主动学，都说明孩子的情绪出现了问题。其实，没有生下来就不爱学习的孩子，也没有不想把成绩搞好的孩子。如果孩子的成绩变好了，老师喜欢，同学羡慕，家长高兴，何乐而不为？一个孩子从爱学习一步一步地发展到不愿意学习，很多时候都是因为情绪出了问题。因此，父母要学会与孩子沟通，尽量化解孩子心中的负面情绪。

孩子的负面情绪很多来自学校和家庭的压力。在学校里，过度竞争的氛围容易让孩子感到压力大。在家里，父母对孩子的期望过高，爱将自家孩子和别人家的孩子相比较，导致父母对孩子有诸多不满，言行之中难免伤害孩子。如果父母不放下讨高的期待，孩子就会感觉压力重重，父母用再好的沟通技巧也难以解决问题。

如果父母能放下高期待和攀比心，亲子沟通就会有一个好的前提。父母怎样才能提高沟通技巧，缓解孩子的压力，让孩子有个良好的心态去应对学习压力呢？

父母要想通过沟通来化解孩子的情绪，首先要看看究竟是孩子先出现情绪，还是家长先出现情绪，针对不同的情绪源，化解的方式也不一样。

当孩子有情绪时，父母应该如何与孩子沟通呢？

记得有一次，我在中国海洋大学给国培班的班主任讲课，下课后有不少老师提问。有一位老师问："有一次，我的孩子回来跟我说：'我们班上某某同学特别讨厌，课间我在写作业时，他把我的书抢走了。'我对孩子说：'孩子你傻啊？你就让他抢，你不会抢回来啊？！'没有想到我家孩子竟然说：'妈！我再也不和你说了！'这样的事情发生了好几次，我不明白我哪里说错了，孩子为什么要那样说？"

我说："孩子在学校被人欺负了，他回家告诉你，你觉得他希望获得什么？"

她说："他想获得什么？"

我说："他肯定希望获得支持、宽慰。可是，你是怎样回应的？你的话语当中更多的是指责和贬低。他被人欺负了，心里本来就难受，还要遭受你的数落，所以才不愿和你说话了。"

不少家长与孩子沟通时都会犯和上面这位老师一样的毛病。有些家长经常抱怨："我对孩子说得那么明白，为什么孩子就是不听？"我向这些家长解释，难道家长说明白了就行吗？很多时候，孩子做不做取决于他的意愿，而不取决于是否听明白了。如果孩子有情绪，家长说得再明白也没有用。只有情绪通了，道理才能通。正所谓，通情达理。

比方说，一位妈妈带着孩子和闺蜜一家人出去玩，闺蜜家的孩子比较调皮，抢走了这位妈妈的孩子的玩具，孩子就委屈地哭了起来。遇到这种情况时，这位妈妈该怎么处理？

有一些家长遇到这种情况时，会对孩子说："不许哭！你怎么那么小气？在家里还没有玩够吗？你让姐姐玩一会儿不行吗？"

面对这样的家长，我特别想问一句：孩子的玩具被别人抢走了，连哭一声都不可以吗？这样的家长关心的是自己在闺蜜面前的面子，却忽略了孩子的感受。

当孩子有情绪的时候，家长首先要做的是接纳孩子的情绪和感受，再给孩子一些指导，这样讲道理，孩子才有可能听得进去。建议家长用这样的句式来表达：先描述事件，再说说自己对孩子情绪的理解。

就拿上面这个例子来说，家长可以这样说："孩子，姐姐拿走了你的玩具，你是不是很难过？"

如果孩子含着泪点头了，说明家长理解了他，接纳了他的情绪。这个时候家长可以接着说："孩子，你是不是很想玩这个玩具？妈妈带你过去，看妈妈怎么和姐姐说。"

家长这样的表达，既接纳了孩子的情绪，还教会了孩子如何处理与伙伴的冲突，如何正确地表达自己的情绪。

情商对孩子的未来发展很重要。其实，情商并没有那么复杂。情商的核心要素之一就是情绪管理能力，它包含了三个方面的内容：识别情绪、表达情绪和管理情绪等。

识别情绪是指自己有情绪时，知道自己出现了什么情绪，是委屈还是愤怒，还是其他情绪。表达情绪就是指自己有情绪时，知道用哪种正确的方式来表达自己的情绪。管理情绪是指知道在什么时候可以表达情绪，在什么时候不可以表达情绪。

如果家长经常用上面提到的句式，先描述事件，再表达对孩子情绪的理解，孩子就会明白，他刚才产生的是什么情绪，就能逐渐学会用正确的方式来表达自己的情绪。

有些家长在与孩子沟通时，常常告诫孩子不可以用错误的方式表达情绪，却从来不知道告诉孩子哪些表达方式是对的。比方说，有些家长抱怨，孩子一生气就喜欢摔东西，跟孩子说了多少遍都不管用。我会提醒家长，当孩子摔东西时，家长是不是一再跟孩子强调不可以摔东西？有没有告诉过孩子有情绪时可以怎样表达？如果没有，那么当孩子遇到类似情境时，只会用他最习惯、最熟悉的方式去表达，会重复犯同样的错。

上面我们详细讲述了当孩子有情绪的时候，我们该如何和孩子沟通。还有一种情况，当父母先有情绪时，我们该怎么处理呢？

父母有情绪是很正常的。人心都是肉长的，都有七情六欲。但是，如果父母的脾气比较急，动不动就发火，而且总是冲孩子发火，那就不太好了。家庭是孩子探索外界的安全基地，如果父母的言行使孩子的安全感受到影响，孩子就无法好好地学习、生活和工作。既然有情绪是正常的，那我们就需要学会正确地表达情绪。

可是很多父母并不会正确地表达自己的情绪。比方说，母亲在做家务，孩子在客厅的沙发上蹦来蹦去，沙发前面有一个玻璃茶几。当母亲看到这一幕的时候，母亲担心的是孩子不小心碰到茶几而受伤。也就是说，母亲内在的情绪是担心。可是，有不少父母并没有将内在的担心表达出来。有的母亲会冲孩子大声嚷嚷："叫你别乱动，你又乱动！"你知道这样的表达对一个小孩来说有多不好吗？如果面对的是一个胆子大、开朗的孩子，孩子就可能在心里犯嘀咕："你怎么啦？我玩得好好的，你干吗这样对我？！"如果面对的是一个退缩、胆小的孩子，孩子就可能被吓得哭起来。

再比方说，假如一位太太接到先生的一个电话，先生在电话里跟太太请假，说晚上有个饭局，不能回来吃饭了，估计得晚上10点才能回家。可是到了晚上10点，先生还没回来，11点依然没回来。时间越晚，太太的担心就越重。这种担心本来是对先生安全的关心。可是，有些太太看到先生推门进来时，脱口而出的是："死到哪儿去了？"先生因为没有在规定的时间回家，内心原本是有愧疚的。但是，当先生听到太太的这句话时，这种愧疚就会一笔勾销。这个时候，太太千万不要再埋怨，如果再埋怨的话，就很容易引起一场战争。

在上面这两个案例中，都是家长先出现情绪。这个时候，家长就要学会正确地表达自己的情绪。表达自己的情绪的理想句式是用"我"字开头，而不是用"你"字开头。比方说，"死到哪儿去了"这句话的主语是什么？肯定是"你"。这样的表达就容易激怒对方，从而引发战争。

正确表达自己的情绪和感受的常见句式是：先描述事实，再表达自己的真实感受。比方说，在前文提到的先生晚归的案例中，太太完全可以说："回来了！我担心死了。"或者说："回来了！我等你好久了。"这样的表达就不会像"死到哪儿去了"那样引发对方的愤怒，有助于关系的和谐。同样的，面对在客厅的沙发上蹦蹦跳跳的孩子，妈妈可以抱住孩子说："妈妈看到你在这里蹦，怕你万一不小心碰到茶几上，你痛，妈妈也心疼。你可以安静一会儿吗？"相信这样的表达一定更容易让孩子安静下来。

【资料】一个人的故事

我是我母亲最小的孩子。

我记忆中最早的一件事，是提着家里唯一的热水壶去公共食堂打开水。因为饥饿无力，失手将热水瓶打碎。我吓得要命，钻进草垛，一天没敢出来。傍晚的时候，我听到母亲呼唤我的乳名，我从草垛里钻出来，以为会受到打骂，但母亲没有打我，也没有骂我，只是抚摸着我的头，口中发出长长的叹息。

这是莫言获得诺贝尔文学奖时发表的一段感言。故事中，莫言犯了错，心中非常害怕。这个时候，他母亲用肢体语言很好地表达了对孩子的抚慰，而不是像有些父母那样，总是责备、批评孩子。但是，莫言母亲这样的表达方式对孩子的影响是深远的，让孩子印象深刻，这就是教育的力量。

在我非常喜欢看的一档相亲综艺节目中，主持人曾经讲过两个小故事，这两个小故事非常生动地诠释了我上面提到的沟通原则。下面我用第一人称转述他讲的故事：

我们电视台里有个年轻人，他的老父亲特别会说话。同事当年高考失败了，父亲就对他说："孩子，你过来！"

孩子走上前，听候父亲的发落。

他父亲说："你知道我心里的感受吗？"

孩子不敢吭声。

他父亲说："我想死的心都有，你回去吧！"

孩子在复读的那一年里特别努力，后来考上名牌大学，大学毕业时被分配到我们的电视台工作。

另一个故事发生在台里的一对年轻夫妇身上。小两口结婚好几年了，一直没有计划要孩子。有一年春节，小两口回老家过年。除夕夜，吃着年夜饭，老父亲就开始唠叨起来了。

"你们俩啊！为什么不要孩子？把我的老脸丢光了！村里像你们这么大的，孩子都能打酱油了。你们为什么不要孩子？你们太自私了！就不会替我们想想吗？"

老父亲就这样说个没完。小两口一直不说话。到了第二天早上，小两口一句话也没有说，收拾好行李就回城里了。

从两个小故事中我们可以看到，第一个故事中老父亲的话不多，却很好地教育了孩子，效果非常明显。之所以有这样的效果，是因为他没有说孩子半个不字，只是表达了自己的感受，传递给孩子的信息是：你考砸了，我也难受。

而第二个故事中的老父亲不断地指责、批评孩子，引发了孩子的被动攻击，不仅没有达到想要的效果，而且加深了彼此的隔阂，使沟通变得更困难。

第三篇
技术篇
学海拾遗

家有学童，有关学习的话题就成了热点，比如各学科的学习方法、考试技巧，以及游戏应对策略等，都是家长关注的话题。在本书的方法篇、策略篇之后，技术篇可谓学海拾遗，意在帮助父母指导孩子学好语文、英语，从容应对考试，让孩子有节制地玩游戏。

第一章
英语和语文学习

英语和语文都属于语言学科。我们为什么需要学习语言？因为我们需要和别人进行交流。交流是学习语言的根本目的。理解了语言学习的本质，我们就明白了学习英语和语文的重点在哪里。

第一节 听力的重要性不言而喻

学习语言包括几个重要环节：听、说、读、写。请大家思考一下，为什么是听、说、读、写，而不是读、写、听、说呢？其实语言的学习应遵循严格的逻辑顺序。一个人要想熟练掌握母语，首先要从听开始，然后慢慢学会说话，上学之后，才慢慢学会读和写。耳朵听不见声音的人很难学会说话，因为他听不到别人说的话，也听不到自己说的话，这就是常说的"十聋九哑"。

婴儿从一生下来就开始感知周围的声音，直到两岁左右，才能说出符合语法规则的句子。孩子首先从聆听家长的话语开始，然后能发出简单的音节，之后能说出一两个词语，逐渐能够听从大人简单的指令。到了两岁左右，孩子的语言能力显著提高，逐渐能像成人 样用语言交流，用语言表达自己的心愿。在0~2岁，家长要为孩子创造一个良好的语言环境，让孩子好好"听"是一件非常重要的事。

有没有很早就学会说话的孩子呢？肯定有。刚才说的两岁左右，是个平均数。我办公室原来一位同事的孩子比我家孩子早出生两个月，有一天，我同事很高兴地对我们说："你们看看！我家孩子一岁就能说出完整的句子了！"她给我们播放了一段录像。

录像中，孩子坐在床上，手抓着一个奶瓶，喊着："爷爷，给我冲奶喝！"

我们都是学心理学的，就一起分析这个孩子为什么说话这么早。想来想去，最有可能的原因是：作为孩子的主要照看者的爷爷是个话痨。用我同事的话来说，爷爷一抱着孩子就说个不停，甚至看到路边的一辆车，都要给孩子念车牌号。或许是因为爷爷给孩子提供了非常多的语音刺激，所以孩子说话才比别人早。

有一回，我在一所职教中心给国培班的班主任讲课，一位校领导在后排听课。我讲述了同事孩子早说话的故事。校领导听了以后深有感触，课后，他迫不及待地和我分享发生在他亲戚家里的一件事。他说他亲戚家有个孩子，两岁半左右，一直不会说话。看到别人家差不多大的孩子都会说话了，家里人就特别着急。家里人思前想后，觉得孩子不会说话的原因可能是白天带孩子的老人是个哑巴。通过家庭会议，大家一致决定，赶紧给孩子换一个照看者。换了一个照看者后，不到半年时间，孩子的语言能力基本赶上了同龄孩子。好在换得及时，否则不知道会出现什么样的结果。

从这两个小故事中大家可以看出，给孩子提供丰富的语音刺激有多么重要。大家千万不要以为让孩子进行听力训练只是为了提高听力部分的成绩，更重要的是，听力是语言学习的基础，听力好能促进其他学科的学习。

记得我孩子一两岁的时候，我给孩子播放《爱探险的朵拉》，那是一部英语学习卡通片。或许是听的次数多了，有一天孩子在和我玩开关门游戏的时候，突然讲出一个英语单词"open"。我当时很惊讶，因为那时候，孩子还不太会说话。我偶尔抱着孩子在阳台上眺望，孩子会来回推拉窗外的伸缩晒衣杆，向外推的时候，他会说"Push"；往里拉的时候，他会说"Pull"。这真的让我们很惊讶。

有一天，我爱人带着孩子到小区广场玩。听我爱人说，孩子拿着几张零食中附赠的卡片玩，一边数着卡片，一边冒出英语单词："one, two, three, four…"旁边一个年龄相仿的孩子看着没意思，就跑开了。我孩子一边追，一边喊着："Wait！Wait！"

我们从来没有给孩子教过这些英语单词，只是平时让孩子看英语卡通片，久而久之，孩子就会讲这些单词了，可见语言刺激有多重要。

第二节　怎样提高英语听力

提高听力有什么窍门吗？窍门就是：多听！多听！多听！重要的事情说三遍。当然，还可以用其他方法来提升学习效率，改善学习效果。

一、泛听

所谓泛听，就是泛泛而听。不需要刻意听，只要让孩子待在一个适宜的氛围中，耳濡目染，孩子的听力水平就能慢慢得到提高。最忌讳的是，有些父母一打开播放设备，就不停地叮嘱："你要好好听！"这样做容易激起孩子的逆反心理，不利于孩子听力水平的提升。泛听能够为孩子提供丰富的语音刺激。打个比方，一个人去了美国，出门和美国人用英语打交道，回家看的也是英语电视。用不了多久，这个人的英语水平就能得到快速提升。

我有个同行，她孩子考上山东大学，后来在美国留学。她说："我孩子小的时候，我每天早上叫孩子起床的时候，就顺手按下床边上的播放设备，并没有提醒孩子要好好听。久而久之，孩子就养成了早上听英语的习惯。"虽然这只是一个细微的举动，但体现的是这位妈妈的用心。

最常见的泛听材料是教材配套的音频资料。在这些年辅导孩子的过程中，我发现很多孩子的教材配套音频资料都是崭新的，孩子几乎没有听过，我建议孩子们要多听这些音频资料。我经常给孩子听英语课文，到了要背诵课文的时候，孩子几乎不用准备就能流利地背诵出来。

除此之外，还可以找一些符合孩子能力水平的绘本或其他音频资料给孩子听。现在的孩子学英语可幸福了，学习的途径很多，网络上的资料数不胜数。建议选择适合孩子水平的绘本，孩子多听这些绘本的音频，既能提高听力，还能培养阅读习惯。

有家长问：应该在什么时候泛听？我认为，既然是为了给孩子提供语音刺激，创造氛围，那就不要有太多的限制和要求，如果孩子愿意听，随时随地就可以听。但是，现在的孩子学习负担较重，我建议家长见缝插针地让孩子听，比方说，早上起床以后，可以让孩子一边洗漱一边听，吃早饭时也可以让孩子听。如果家长开车送孩子上学，在车上时也可以打开播放设备让孩子听。

二、精听

精听是指精确听力练习，精听的要求是孩子要听得真切、仔细、全神贯注。

精听的训练方式如下：

1. 将材料多听几回。

2. 听完一句话，按下暂停键，试着将这句话默写下来。然后听下一句话，再按下暂停键，试着将这句话默写下来，直到听完整篇材料。

3. 将默写的材料与原文对照，看看自己遗漏了多少信息，并将材料的内容一一补充完整。

4. 重复听材料，对照自己遗漏的部分，直到完全听明白为止。

精听的材料内容可以是孩子感兴趣的文章，题材不限。要选择难度与孩子听力水平大体相当的文章，否则会让孩子产生挫败感。我有时候会把英语歌曲当作精听的素材。记得上大学时，我爱听英文歌曲，听过几遍之后，便试着把歌词默写下来。那个时候，我来回听几次，就能把一首歌的歌词大体默写出来，然后学会唱这首歌。如果孩子能用这一招来背诵英语课文，相信孩子能把课文背得滚瓜烂熟。

第三节　字词是基础

在语文、英语学习中，字词是基础，是构成句子、文章的基本单位。如果字词掌握得不好，就很难学好语言。在语文学习中，汉语是我们的母语，汉字在生活、学习中随处可见，就如同一直在复习这些字词。但是，在英语学习中，如果词汇不过关，就几乎寸步难行。

孩子只要认识到单词的重要性就够了吗？答案当然是否定的。目前，大部分孩子需要经常背单词，但孩子们真的会背单词吗？不见得！至少在我辅导过的孩子中，有不少孩子背诵单词的方法不正确，所以才会出现几家欢喜几家愁的局面。

背诵单词的几个常见误区

1. 有些孩子平时不背诵单词，只在老师听写前安排的复习时间背诵。有些孩子凭着小聪明，仓促准备之下，往往能记个八九不离十。但是千万不要以为这就够了，这样的记忆只是短时记忆，如果不复习，孩子很快就会将这些单词忘掉。

2. 有些孩子背诵单词时非常懒，只是嘴上念念，从来不动笔。背单词时，孩子应该尽可能地做到眼到、口到、手到、心到，嘴上念、动手写、心中记，否则背诵效果会大打折扣。

3. 我发现很多老师在给学生听写英语单词时，报单词的中文含义，让学生写出单词，这样做的学习效果是有限的。考试时，英语考卷上几乎看不到一个汉字。也就是说，英语考试更倾向于考查学生从英语到汉语的转换能力（尤其是阅读理解题），而上述的听写考查的是学生从汉语到英语的转换能力。如果孩子平时只进行这样的听写训练，习惯了从汉语到英语的转换，在考试中，就很容易忘记单词的中文释义。在平时练习时，我建议孩子们既要做根据中文释义将对应的单词拼写出来的练习，又要做看英语单词写中文释义的练习。

4.有些孩子在听写测试中取得了不错的成绩，觉得自己已经把单词都掌握了，课后就不再复习了。可是，谁的脑子能那么好用，能保证长久记忆呢？记忆最好的方法就是重复、重复、再重复。

第四节　此抄非彼抄

一提起抄写，估计很多孩子都不喜欢这种貌似枯燥的学习方法。抄写真的那么枯燥吗？非也！其实，很多文学家早年都有抄书的经历。孩子们之所以对抄写那么反感，可能是因为抄写是老师或家长常用的惩罚手段。

【资料】东坡抄书

一天，朱载上兴致勃勃地去看望苏东坡，可过了好一会儿，东坡才急急地走出来。

朱载上问道："先生在忙什么呢？"

东坡答道："我在抄《汉书》呢。"

朱载上不解地问道："像您这样的文豪还用得着抄书吗？"

东坡说："我抄《汉书》已有三遍了。第一遍，对每一段故事抄三个字；第二遍，抄两个字；第三遍，抄一个字就可以了。"

朱载上感到很新奇，忙起身施礼问："您能将您所抄的东西让我看看吗？"

东坡就命仆人从书案上取下一册递给朱载上，但朱载上左看右看，看不明白。东坡就说："你念一个字，让我背给你听吧。"

朱载上随口念了一个字，东坡略一沉吟，便逐字逐句地背出了几百个字，并且没有错字漏字。连试数次，次次如此。

抄写的好处非常明显，但是如果抄写时不用心，学习效果就不好。在这里，我给大家介绍一种抄写法，它能让抄写者用心，还能让抄写者将抄写的材料印刻在心。我将这种抄写法称为默抄法。

默抄法的具体步骤

1.将要抄写的材料理解透。例如，针对语文材料，要对其通读理解；针对英语材料，要明白其含义；针对物理、化学、生物等学科的材料，要搞懂其意思。

2.读完一句话，就要在心里默念这句话，直到将其记住，就把这句话默写下来，默写的时候不可以再看材料。依序这样抄写下去。

3.抄写完之后，将自己抄写好的文字与材料原文对照、改错。

默抄法有助于加深对英语课文的理解。尤其对高中生（高中阶段老师极少要求背诵课文）来说，默抄法能让人熟悉掌握学过的课文内容，提高课文默写的准确度，尤其可以提高听力答题的准确度。比方说，在背诵一篇英语课文时，很多孩子容易忽略动词的时态和冠词的用法，用了默抄法后，就能准确地掌握这些细节。

默抄法特别适用于背诵和默写课文。很多孩子能背诵出课文，可是到了考试时，总是将字写错。尤其是在默写文言文时，因为文言文中的生僻字较多，更容易出现这种情况。如果平时在背诵文言文时能结合默抄法，那么不但能够加深印象，而且会巩固得非常好。

默抄法同样适用于物理、化学、生物等学科的学习。很多孩子以为在学习理科知识时只要理解其内容就足够了，其实，对于理科的公式、定理、公理、定律等，学生都需要字斟句酌、深刻理解，甚至要背得滚瓜烂熟。所以，用默抄法背诵公式、定理、公理、定律是非常必要的。

第五节　英语和语文写作

学习语言的目的在于交流，阅读理解题和写作题是最能体现语言学习本质的题型。阅读理解和写作属于书面交流的范畴，阅读理解训练的目的是"我能看明白别人写出来的内容"，练习写作的目的是"我能把我想表达的内容写出来"。所以阅读理解和作文显得尤为重要，这一点可以从它们在卷面总分中所占的比例上看出。在高考语文全国卷中，作文高达 60 分，占卷面总分的40%。英语作文 25 分，占卷面总分的五分之一左右。

一、准备英语作文的"三步半法"

该如何准备英语作文？我总结的方法是"三步半法"。

　　第一步是做题型分析和积累范文。我建议大家收集最近 10 年的高考（中考）真题，看看过往 10 年的真题作文都有哪些类型，比如话题作文、图表作文、应用文等。

　　为什么要做题型分析？古话说得好，兵来将挡，水来土掩。我们不打无准备之仗，不能遇到自己擅长的题型时就得高分，遇到自己不擅长的题型时就得低分。我们要做到对每一种题型都有所准备。在题型分析的基础上，针对每一种题型，准备一篇范文。

　　当然，准备范文的目的并不是直接把范文搬到试卷上，而是把范文当成模板，经常揣摩范文的行文风格，并经常对范文进行仿写。

　　第二步是注意收集好句子。看到别人作文中的好句子，要将其摘抄下来。在一篇分成三段的文章中，通常第一段和第二段的第一句以及文章的最后一句较为重要。因为处在这些位置的句子最容易被阅卷者注意到。如果处在这些位置的句子精彩，则会给文章增色不少。

　　第三步是要记住一些连接词。尤其是写话题作文时，作者需要表达自己的观点。在列举自己的观点时，不少同学喜欢用的连接词语是：firstly，secondly，thirdly，at last。由于位置明显，连接词语很容易被阅卷者浏览到，如果大家都使用上面的这几个词语，就很难给阅卷者留下好印象，就不容易得到高分。

　　我们在表达观点时常用第一、第二、第三来罗列，这种表达方式容易给别人留下一个普通的印象。假如我们将其换成首先、其次、再次，就会感觉好一些。其实在英语中也有一些富有文采的表达，比如：Above all（First of all），Furthermore，What's more，Last but not least。

有一次，我辅导一位来自威海的高三学生，当我讲到上述这些内容的时候，他恍然大悟地说："难怪我们英语老师对我们那么严格，只要英语作文里出现 firstly，secondly，at last，就给我们的作文判零分，原来是想逼着我们做出调整啊！"

上面我已经介绍了"三步半法"的前三步，还有半步是什么？为什么是"半步"，而不是一步？其实，是因为它不像前面三步那样经常能用得上。这"半步"就是背诵一些英语谚语。谚语并不一定在每一篇作文中都能用得上，一旦用上了，而且用得恰当，就能起到画龙点睛的效果。就像我们在写语文作文时，如果用上了"《论语》曰""《易经》云"等，就容易给阅卷老师留下好印象。当然，上面提到的"三步半法"都是"术"，如果学生对词汇、语法等基础知识掌握得不牢固，即使掌握了上述方法，也难以提升作文水平。

最后讲讲准备英语作文的必要性。其实，提高英语作文的成绩是比较简单的。通常一篇英语作文的字数要求是不超过 150 个单词，大约 15 个句子。如果按照上述的方法准备，即准备一篇范文作为仿写的模板、积累好句子、背诵连接词等三个步骤，写出一篇好作文何难之有？但很多同学要么从来不准备英语作文，在每次考试中都现想现写，要么准备得不充分，遇到擅长的话题时得高分，遇到不擅长的话题时得低分，成绩很不稳定。

其实，大部分孩子的英语作文得分为 15~20 分（满分 25

分），这个现象是有原因的。将 15 分换算成百分制的话，正好是 60 分，处在刚好及格的水平；将 20 分换算成百分制的话，正好是 80 分。

在一篇作文中，如果考生将该表达的要点都表达了，没有明显的语法错误和拼写错误，起评分就是 15 分（即及格分）。如果文章没有出彩的地方，评分的上限就是 20 分。高考阅卷时间紧，要求高，阅卷老师在高强度的工作状态下，会按照一定的阅卷规则来进行阅卷。

一般来说，阅卷老师首先会浏览全文，然后确定作文的档次水平，再给出具体的分数。一篇没有亮点的作文的得分很容易落在 15~20 分的区间。如果卷面整洁，书写工整，得分就有可能相对高一点。要是考生写得乱七八糟，得分就有可能相对低一点。

如果对作文的准备不足，作文的得分就很容易落在 15~20 分的区间。如果为作文做了大量的准备工作，就容易获得高分。

假如阅卷老师接连改了好几篇水平一般的作文，这时读到一篇结构清晰、词汇新颖、有亮点的作文，让老师眼前一亮，老师会觉得这篇作文的水平比前面几篇都高。老师可能会翻看刚才给前面的作文打的分数，如果给前面的作文打了 20 分，那就相当于这篇作文的起评分是 20 分，如果要体现这篇作文的水平明显比前几篇作文水平高，那么至少在分数上要高出两三分，就有可能获得 22~23 分。

我曾在一次大考前，给老家的侄女打了一个电话，在电话里告诉她英语的学习方法。结果在那次大考中，她的英语成绩从平时的 120 分提高到 135 分。我问她作文得了多少分，没有想到的是，她考出了自己最好的成绩 23 分（满分 25 分）。

其实，准备英语作文并不难，用一个月左右的时间就能准备得比较充分，何乐而不为呢？

二、怎么写语文作文

准备语文作文不像准备英语作文那么简单，汉语是我们的母语，语文学科对作文的要求是很高的。在初中阶段，作文的文体通常是记叙文，在高中阶段，则以议论文为主。

记叙文侧重于对人、物、事的描述和刻画，在考试中主要考查考生的观察力、想象力、思维力以及对语言的驾驭能力。而在写议论文时，要求考生有自己的观点，并且要提供足够的论据材料，能让自己的观点站住脚。这实际上考查的是考生的综合分析能力、评价推理能力和辩证思维能力。

正因为高考作文考查的是考生多方面的能力，所以作文成绩和考生平时的积累有很大的关系。考生在平日的学习中，可以从以下几个方面入手进行准备。

首先，近些年来，无论是在全国卷中还是在地方卷中，很少出现命题作文，大部分是材料作文，即给出一段材料，让考生自拟题目。自拟的题目既是考生经过对材料的深入理解提炼出的要点，也是一篇文章的中心思想。考生自拟的题目特别影响评分者对这篇文章的印象。

不少考生读完考卷中的材料之后，脑子一片空白，没有任何联想，原因在于平时缺少积累和思考。建议大家多读报纸和杂志。

不少报纸的第二版有一两篇评论性文章，在文章中，作者往往针对本期报纸中的某则新闻发表自己的观点。

有心的父母和孩子可以多收集这方面的文章，准备一个文件夹，在正面贴上新闻，在反面贴上针对这则新闻的评论性文章。如果坚持收集一年，就能积累出几百篇文章。在读新闻时，不妨把它当作材料作文的题目，想一想：假如自己读了这篇新闻，会写出一篇什么样的评论性文章？别人是从哪个角度写的？自己忽略了哪些问题？为了佐证自己的观点，作者是如何论述的？如果孩子读过很多文章，自然就会积累不少素材，在写文章时，就会驾轻就熟。

其次，可以积累多种素材，以此作为论据的材料。论据要具备两个条件，一是普遍性，二是时代性。普遍性是指论据要能被社会普遍承认，具有一定的代表性。我们不能用特别私人化的体验或者虚无的材料去佐证自己的观点。

比方说，为了论证"勤奋出真知"，有的考生在作文中拿邻居家的大哥哥当作例子。这样的例子显得很苍白，会让阅卷者觉得考生平时的积累不够。古人写文章经常引经据典，道理就在于此。只有保证普遍性，才能让观点的可信度更高一些。可是，单单只有普遍性够吗？不够！

比方说，现在很多中学生写作文时，常常拿爱迪生和司马迁当作例子，这样的文章很难获得高分。为了避免这种情况，就需要抓住论据的第二个特征，那就是时代感。也就是说，选择素材要与时俱进。如果总是拾人牙慧，写出的东西容易给人陈词滥调之感。要想体现素材的时代感，孩子平时就要多观察生活，多了解新闻和一些社会的热点事件。比方说，这些年中央电视台推出的《感动中国》节目，每年都会从社会各行各业中选出十位人物，他们的事迹就是很好的素材。有了这样的材料做支撑，文章就会变得鲜活。

第二章

考试

自从考试在这世界上出现以来，以我个人有限的想象力来看，只要学习还在，考试就会一直存在，就需要考查学生对知识的掌握程度。考试是评估考生对知识的掌握程度相对经济有效的手段。如果没有考试，如何体现公平？考试，是教育最大的公平。

【案例】一次辅导，考出三年来最好的成绩

班主任推荐求助者前来咨询

在这个案例中，求助者是由班主任推荐过来的。孩子正在上初中三年级，中考前一个多月来求助。孩子的成绩起伏非常大，就像坐过山车一样，把老师、父母吓得不轻。孩子出现了明显的考前焦虑。于是在班主任的推荐下，父母陪同孩子前来咨询。

辅导的方向

我从父母和孩子的陈述中了解到，这个孩子敏感、细腻，心思比较重，很在意周围人的评价和看法，所以在考试前特别担心自己发挥不好。除此之外，孩子没有其他明显的不足。因此，我在辅导时着重纠正孩子过度在乎排名的心理，让孩子学会调控自己的情绪，同时告诉孩子一些考试策略。

辅导成效

中考过后，孩子的班主任告诉我，孩子考得非常好，中考成绩排在级部第 25 名，达到了青岛二中的录取线。

本次辅导总结分析

考前焦虑是在学生中比较普遍的现象，主要原因是学校和家长过分注重排名，这样就会引发孩子的焦虑。缓解焦虑的理想方式是不要过于看重考试成绩，而要看重孩子对知识的掌握程度。孩子考完后，无论成绩好坏，都要让孩子把关注的重点放在不会的题目上，要着力把不懂的问题解决掉。在这个基础上，引导孩子学会调控情绪。对于有些孩子来说，只要情绪好了，成绩自然就提高了。

第一节　面对考试，你焦虑了吗？

考试就是通过书面或口头提问等方式，考查考生的知识或技能，也可以叫作测验。所谓测验，就是检测、检验。完成一个阶段的教学任务之后，老师想看看教学的成效，想看看孩子们掌握的程度，于是采用测验的方式进行考查。从这个角度去理解考试，考试不应该像句号，而是像逗号，考试之后找问题、弥补缺漏才是关键。

如今，很多考试之所以让很多学生闻之色变，是因为很多老师和家长将每一次测验都视作考试。实际上，测验包括两种类型，一种是标准参照测验，另一种是常模参照测验。

标准参照测验是指以是否达到某一标准为评价指标的测验，也就是达标测验。比方说，在体育考试中，就经常采用达标测验的方式，学校开设体育课的目的在于提高在校学生的身体素质，学生的体能只要能够达到一定的标准就可以了。大学英语四、六级考试也属于标准参照测验，以是否达到某一标准为评价标准。近年来，四、六级考试的记分方式是标准分制，只要知道标准分，再了解到考生的成绩，就能知道考生成绩的大体排位。

凡是以选拔为目的，需要将测试者区分开来的考试就是常模参照测验，也就是选拔性考试。比方说，我国的中考、高考、公务员考试都属于常模参照测验。

大家可以想想：孩子平时在学校里的考试属于哪一类测验？显然，平时的测验不是以选拔为目的，所以应属于标准参照测验。参考的标准是什么？那就是掌握的程度。所以在考试时，为人师者、为人父母者不必把孩子逼得太厉害。对于孩子没有掌握的知识，仔细寻找原因，切实解决问题，不要拿自己的孩子和别人家的孩子比。

孩子参加考试是为了检验前一段时间的学习成效。如果孩子掌握得好，自然就能得高分；如果掌握得不好，就很难得高分。当然，考试存在一定的偶然性，比如孩子对基础知识掌握得不扎实，但在某次考试中考题考查的恰好是孩子已经掌握的内容，那么孩子就会取得一个高于实际水平的成绩。在这种情况下，成绩好并不代表家长和孩子可以高枕无忧，如果松懈下来，还可能乐极生悲。

在考试中还存在另一种情形，孩子对基础知识掌握得比较扎实，但是某次测验的考题有些偏，有点怪，孩子就会取得一个低于实际水平的成绩。如果是这样，家长就没有必要纠结，毕竟这样的事情属于小概率事件。所以，孩子的考前焦虑其实是没有必要的。孩子之所以那么焦虑，就是因为怕考不好。孩子之所以担心考不好，很可能是因为家长对成绩特别在乎，孩子在压力之下就会变得焦虑。如果大家都把学习目标调整到对知识的掌握上，孩子的焦虑就会少一些。

家长要让孩子拥有积极面对考试的心态，把会做的题做出来，对于不会做的题，能蒙多少是多少。如果考前没有准备好，还期待获得一个好成绩，那等于期待天上掉馅饼。

总之，既然平时的考试属于标准参照测验，那就意味着在面对考试结果时，家长不应该过于关注孩子的成绩排名，也不应该拿自己的孩子和别人家的孩子比较，而应该引导孩子踏实地做试卷分析，并针对薄弱环节进行弥补。

第二节　卷宗法与试卷分析

前文曾提到过，学生可以没有错题本，但是要有错题思想。如果有些学生实在不想建错题本，那么既省力又能体现出错题思想的方法就是卷宗法。一个拥有良好学习习惯的孩子，一般会使用卷宗法。我在指导孩子学习的过程中发现，很多成绩优异的孩子都有将考过的试卷整理归档的习惯。

我建议孩子在期中或者期末考试前，将这一段时间所做的试卷整理归档。归档时，按照考试的时间顺序排序，然后给卷宗制作一个目录，目录的内容举例如下：

目　录

1. 期初考试……………………………………97 分

2. 第一单元考试………………………………82 分

3. 第二单元考试………………………………93 分

4. 第三单元考试………………………………78 分

5. 第四单元考试·······················96 分

6. 期中考试·······························94 分

············

制作目录可以让孩子对这个学期的学习情况一目了然。比方说，从上面的目录中可以看出，这个孩子对第二单元（93 分）和第四单元（96 分）的知识掌握得比较牢固，成绩都在 90 分以上。孩子对第三单元的内容掌握得不理想，只考了 78 分。通过这样的整理，孩子就有了努力的方向，知道自己得先把第三单元的知识掌握好。

针对某一张试卷的具体分析，应该分为以下几步：

1. 将自己的成绩除以卷面总分，然后将其转换成百分比，算算自己的掌握率。比方说，面对一张满分为 120 分的试卷，一个孩子考了 90 分，那么这份试卷反映出孩子的掌握率为 75%。

2. 将每一道大题的得分除以该大题的总分，将它转换成百分比，就能知道自己每道大题的掌握率。将每道大题的掌握率与上面计算出来的卷面掌握率相比较，就知道孩子对哪些大题掌握得比较好，拉高了卷面总分；对哪些大题掌握得比较差，拖了后腿。这样，我们就要针对比较薄弱的题型下功夫，直到将这一部分的题型掌握好。

3. 具体分析错题。出现错题的原因和应对方法如下：

（1）不会做的题。这类题是最应该引起注意的，不会做就意味着做题时没有任何思路。如果不解决这类问题，就等于埋下了一个隐患，等将来再面对这类题时又容易失分。不会做可能是因为概念不清、对题型不熟、不会灵活应用知识等。应该在弄清楚原因之后，把这类问题解决掉。

（2）对答案似是而非、模棱两可的题。出现这种情况的原因可能是对这道题所涉及的知识点的概念模糊，或是记得不清楚，产生混淆。解决办法是在以后的学习中要精确理解基本概念、公式、定理、定律。

（3）会做却做错了的题。出现这种情况的原因往往是典型题型做得少，审题不清，在以后的学习中要加强这方面的训练。

（4）错误的考试策略导致失分的题。考试期间，时间分配不合理、焦虑紧张、考前失眠等因素都会导致这种情况。

（5）马虎、粗心导致丢分的题。马虎粗心说明孩子的学习态度不端正，没有养成良好的学习习惯。学生应在平时端正学习态度，注重培养良好的学习习惯和答题习惯。

第三节　怎样才能考出一个不留遗憾的成绩

考试真的那么难吗？其实不然，只要一个孩子的学习能力不是太差，就不会考出一个太差的成绩。

就高考而言，一般来说，难度中等的题和较简单的题在卷面中的比重为 80% 左右，只有 20% 左右的题是难度相对高的题。以高考卷面总分 750 分为例，如果能把难度中等的题和简单的题都做对的话，总分应该在 600 分左右。我国各省市近些年发布的第一批本科录取分数线基本低于 600 分。如果考生的分数高于 600 分，在大部分省市就能达到"211"院校或"985"院校的分数线。

以青岛地区为例，孩子从小学升入初中不需要升学考试，毛入学率接近 100%，经过中考之后，有一半左右的学生上了职业高中，有一半左右的学生上了普通高中。虽然，中考并不等同于智力测试，但是二者的相关度还是很高的。能考上普通高中的孩子的智商应该在平均水平以上。

换句话说，孩子只要能考上普通高中，智力水平就应该处在均值以上，在考试中基本能够把难度中等的题目和简单的题目做出来。之所以孩子在考试中没有做完全部试题，是因为影响孩子学习的因素是多方面的。除了智商因素之外，学习情感、学习习惯、学习策略等因素都会影响孩子潜能的发挥。

理想的教育是让每一个人的潜力都得到最大的发挥。如果考生想让自己在考试中不留遗憾，那就应该先将自己的学习重点放在难度为中低等的题上面。如果考生将过多的时间花在做高难度的题上，就容易劳而无功。

打个比方，在数学高考中，一般情况下，填空题、选择题的难度较低，这两道大题很少出现难度很高的题目，如果孩子对基础知识掌握得很扎实的话，就不应该在这两道大题中出错。一旦出错，就容易被别人拉开距离。

假如孩子做错一道填空题，又做错一道选择题，貌似错得不算多，可是就会被扣去 10 分。在后面的大题中，尤其在最后两道比较难的题中，想拿到 10 分或许非常难。因为后面两道大题主要是用来区分高尾端学生的。如果孩子对基础知识掌握得比较扎实，在填空题或选择题两道大题中只错一道，那么在难度中低等的题目中能拿到 115 分。如果运气不错，在分值为 30 分的高难度题目上拿到一些步骤分，孩子的成绩就容易突破 120 分，甚至达到 130 分。相信下面的这个故事能给大家一些启发。

【资料】一个差生的高考奇迹

他叫章程龙，是 2015 年高中应届毕业生。

他的高考成绩是：

语文：121 分。

数学：119 分。

英语：125 分。

理综：238 分。

总分：603 分。

他的成绩不错，但这并不足以让人称道。

然而，在高考前三个月的模拟考试中，他的总分是 260 分。

在三个月里，他经历了怎样的转变？他的这篇自述，或许能为你带来一些学习和教育上的启发。

被放弃的我

那天，我爸看着我的模拟考试成绩，格外淡定地告诉我，不用担心学习了，他已经给我联系好了一家工厂，实习期有 3 个月，用不了几年，工资就能达到 5000 元以上。

我的脑子一下子就蒙了。虽然我的学习不好，但是我也做着大学梦，也经历着高中三年日日夜夜的拼搏啊！爸爸让我去小工厂上班，我觉得自己被抛弃了，但是我真的不甘心。

迈出第一步

那天晚上，我第一次问了自己无数个为什么。我把能想到的问题都写在黑板上，最后，我发现我存在 3 个主要的问题：

1. 没目标。我每次制订的计划最多能坚持 3 天，3 天过后准忘。

2. 做题没有针对性。我平时做题只管做，不管看，更不关注题目的难度、题型。我根本不知道自己掌握了哪些知识点，对哪些知识点没有掌握。

3. 看得多，做得少。我看书的时候很少进一步理解知识点的内在联系，所以对于原来不会做的题，现在依然不会做；对于原来做错的题，依然会错下去。

我翻出之前做过的所有试题、试卷，开始逐个整理，总结我在三门主科上的问题：

语文：对基础知识掌握得不太好，阅读理解能力不强。

数学：选择题、填空题的正确率低，后面的 3 道大题不会做。

英语：对单词不熟。

我的努力

我既然找出了问题，就得想办法解决。

我去书店买了语文基础知识手册、阅读素材、名校数学周考试题汇编、近十年的高考英语真题。

在语文方面，我把语文基础知识手册和阅读素材剪成 3 本，每 10 天看 1 本。把基础知识手册当小说看，着重理解阅读素材的中心思想。

在数学方面，我每天做 3 套题目，只做选择题和填空题，把时间控制在两个半小时以内。第二天将昨天做错的题目再看一遍，3 天后、1 周后再分别看一遍。经过一段时间的努力，我做选择题和填空题的速度和准确率都有所提高。

在英语方面，我每天做一套题，将不认识的单词记录下来当晨读材料，每天熟读课文半小时。

突破那道坎

在接下来的一个月里，我一直用上述方法进行复习。4 月 5 号进行摸底考试，我的摸底考试成绩由以前的 260 分提高到 410

分，我从以前班上倒数第 3 名上升到倒数第 10 名。

对于那个时候的我来说，这已经是很大的进步了，至少给了我继续努力的信心和勇气。接下来，我给自己制订了新的学习计划：

语文：重点掌握基础知识手册，每天精读 5 篇作文素材。

数学：将前面的选择题、填空题和后面的四道大题一起重做一遍，最后两题不做。第二天复习。

英语：每天做一套题，一定要搞清楚每道题目所涉及的语法、句型和短语，把做错的题记下来。

用这个方法坚持学习一个月后，5 月 5 号考试，我的成绩又提高到 510 分。这时候我的成绩在班上已经排在前 20 名，离第一批本科录取分数线还差一点，但是高于第二批本科录取分数线。这又是我以前从来不敢想的成绩。

超越极限

我终于明白了跟上老师的步伐和保持一贯的复习进度的重要性，我落下了太多的功课。

但我又想，既然已经能考上大学了，不妨再试试，看看自己究竟能提高到什么程度。

在最后的一个月里，为了能够跟上老师的进度，除了做练习题以外，我只做了一件事，就是把老师所讲的所有重点、难点题目总结在一个本子上。我把这个本子当成小说，在食堂吃饭时、上学放学坐公交车时、睡觉之前，都拿出来背一遍。

最后，在高考中，我考了 603 分，我从未想过自己能达到这样的高度。

我爸当时哭了，他跟我说，他当初不该对我说那样的话。我什么也没说，其实我明白，他要是当时没说那句话，我绝对取得不了这样的成绩。

我的老师对我说，对于我取得的成绩，他完全不意外。我之所以能取得这样的成绩，是因为我已经把学习当作一项事业、一份责任。

希望我的故事可以给迷茫的你一些方向。其实，每个孩子都是聪明的，相信只要努力、坚持就一定可以做到！做不到，是因为太懒，是因为对自己太好！（摘自《中国教育报》微信公众号，引用有删改。）

在这个案例中，当事人的基础非常差，在对自己的情况进行评估之后，他制订了非常详细而务实的学习计划。就英语而言，最重要的基础知识是词汇。如果对词汇掌握得不好，只是一味地刷题，并不能有效提高英语成绩，这种做法事倍功半。对于数学基础不好的孩子来说，要先做好选择题和填空题，重视错题本或错题思想。在语文学习中，应注重基础知识的掌握和阅读理解能力的提高。我觉得这些方法特别适合艺术特长生，因为他们的基础相对薄弱，考完专业考试之后，时间非常紧张，用这些方法效果会比较明显。

到了高中，无论是多么出色的孩子，在做完一张试卷后，都很难有充裕的时间进行检查。想在检查环节发现错误是很难的。建议考生养成良好的答题习惯，尽量做到"一遍对"。如何在答题时避免低级错误呢？

1. 做题时，如果觉得对某道题的把握特别大，那么做完之后，可以在这道题的题号前面画一个钩。这个钩提示的意思是：在进行检查时，不要在这道题上浪费时间，直接跳过这道题。如果检查不当，还有可能将原来做对了的题改错了。

2. 做题时，如果觉得自己会做某道题，只是在演算过程中感觉不踏实，有可能出现演算错误，可以在这道题的题号前面画上一个半对的符号。比如有道选择题，算出的答案是 2ab，而备选答案中还有 –2ab，类似这样的题目容易让人犹豫。像这样的题目，只要有充足的时间，肯定是能演算出来的。对于这类题目，一定要在检查时，仔细演算一遍，确保不失分。

3. 选择题和填空题中的最后一两道题往往有一定的难度。当遇到这样的难题时，不要停留太久，可以在题号前面标注问号，提醒自己等一会儿再做。然后，继续往下做，因为后面的题目分值高，还有可能比这道题简单，不要因小失大。

4. 养成良好的答题习惯。如果在考试中有时间检查，应该怎么检查？常见的检查方法是重新演算一遍。如果重新演算的结果不一致，应该怎么办？有些同学会说，那就再演算一遍。可是，刚演算完，如果再演算一遍，这次演算的结果很可能和刚算完的那次雷同。这种做法是不客观的。

其实还有一种方法，就是把前面的演算步骤和这一次的演算步骤相比较，发现其中的差别，然后判断哪一个是正确的。可是，还能否找到前面演算的步骤呢？这对一个没有养成良好的演算习惯的人来说是很难的。所以，建议同学们在草稿纸上演算时要尽量写得工整一些，针对同一道大题的演算最好写在同一个区域，然后在这个区域画个圈，标记一下这是第几道大题第几个小题的演算。如果这样做，要想寻找前面的演算步骤，就能非常容易地找到。

综上所述，细节决定成败，只要注意以上所讲的各种细节和要领，就能考出一个不留遗憾的成绩。

第三章

手游为何成了亲子关系的一道障碍

自从智能手机诞生以来，游戏设计者便开发出了手机游戏，手游就成了横在父母和孩子之间的一道鸿沟。不少父母对手游咬牙切齿，却无能为力。

游戏究竟是怎样抢走了我们的孩子的？都说"苍蝇不叮无缝的蛋"，父母是不是该反思一下自身的不足？倘若父母向游戏学习，孩子是断不可能被它掳走的。毕竟游戏再好，也是没有感情的。而父母和孩子之间有着深深的情感联结，这是父母和游戏抗衡的制胜法宝。

第一节　究竟是《王者荣耀》还是"王者农药"

2017年7月，人民网连续几天发文怒批手机游戏《王者荣耀》。《王者荣耀》之所以被主流媒体口诛笔伐，与之前接二连三的负面新闻有关。

案例一：

17岁的小刘（化名）为了冲王者荣耀的段位，窝在宿舍床铺上连续激战40多个小时，期间只睡了3个小时，只通过外卖随便吃了一顿饭。

结束游戏时，他突然感觉头晕、头痛，连站也站不稳，医生最终确认小刘患上了脑梗死。

案例二：

家住常州武进区横山桥镇的黄先生称，自己的儿子最近玩起了一款手游，在短短 13 天的时间里，竟花掉了 2.3 万元。

黄先生家里一共只有 6 万元存款，19 岁的大儿子马上要上大学了，家里本来是把这笔钱存下来给他上大学的。结果，被 10 岁的小儿子拿去玩游戏了。

案例三：

某卫视报道了一名 14 岁的初三学生，马上就要参加中考了，但是他不管是吃饭、上厕所，还是睡觉前，都在玩手机游戏。这个学生在沉迷游戏之前是一个很听话、学习成绩很好的孩子，这样的结果令人扼腕叹息。

人民网在 2017 年 7 月 3 日的评论性文章《〈王者荣耀〉：是娱乐大众还是"陷害"人生》中提道："作为游戏，《王者荣耀》是成功的，而面向社会，它却不断地在释放负能量。从数据看，这款游戏累计注册用户超 2 亿，日活跃用户超 8000 余万，每 7 个中国人里就有 1 个人在玩，其中'00 后'用户占比超过 20%。在此可观的用户基础上，悲剧不断上演：13 岁学生因玩游戏被父亲教训后跳楼，11 岁女孩为买装备盗刷 10 余万元，17 岁少年狂打 40 多个小时后诱发脑梗死险些丧命……到底是游戏娱乐了大众，还是游戏'陷害'了人生，恐怕在赚钱与伤人并生时，更值得警惕。"有些家长在控诉孩子沉迷于这款游戏不能自拔，呼吁限制或者禁止这款游戏。有一些教师撰写公开信控诉这款游戏是"王者毒药"，影响了很多学生，称"班上绝大多数男孩子都在玩这个游戏"。有人将这一游戏形容为"黑网吧",在毒害着无数青少年。

面对媒体的口诛笔伐,腾讯公司进行了整改。首先,腾讯公司推出了健康游戏防沉迷系统,限制未成年人每天的登录时长,12周岁以下(含12周岁)的未成年人每天限玩1小时,并在晚上9点以后暂停登录功能;12周岁以上的未成年人每天限玩2小时。超出限定时间的玩家将被游戏强制下线。其次,将游戏绑定硬件设备,实现一键禁玩。最后,强化实名认证体系。

只要以《王者荣耀》为代表的手游在相关法律法规的框架下运营,大众就难以撼动手游的市场。在孩子成长的环境越来越复杂,诱惑越来越多的形势下,为人父母者要思考应该如何应对。

第二节　游戏凭什么能掳走我们的孩子

面对孩子沉迷于手游的情况,家长感到惶恐、焦虑是难免的。如果孩子在游戏上耽误了太多的时间,就一定会影响孩子的学习。父母在与游戏争夺孩子的过程中,几乎很难获胜。道高一尺,魔高一丈,孩子总有办法对付父母。最让父母忌惮的是,孩子可以无情,父母却牵挂着孩子的生命以及身心健康。当被父母逼急了的时候,孩子要么以"不学习"要挟父母,要么以死相逼。如此这般,父母怎么能胜出?

可是,话又说回来,孩子并不是从生下来就开始玩游戏,他是逐渐迷上游戏的。游戏究竟是凭什么抢走孩子的?

在我上大学的时候,电脑是奢侈品,学校里没有多少台电脑。

在我读研究生时，上网是一件可望而不可即的事。记得当时，学院只给唯一的一位有着博士学历的教师开通了网络。我当时只玩过很简单的游戏，比如电脑自带的游戏、俄罗斯方块、连连看等等。在我写这篇文章的时候，我不得不向我的孩子讨教游戏设计者是怎么设计游戏的，为什么能将孩子从父母身边掳走。

深究下去，我不由得倒吸了一口冷气。我觉得游戏设计者深谙人性，倘若没有很好的家庭氛围，大部分家长是赢不了游戏的。游戏的套路实在是太深了。

世间的一切事物，只要能满足一定的需要，就会存在下去。马斯洛提出的需要层次理论，概括了人类的五大需要：生存的需要、安全的需要、爱与归属的需要、尊重的需要和自我实现的需要等。在中国全面建设小康社会的历史阶段，绝大部分孩子最基本的生存需要已经得到了较好的满足。虽然不少孩子的情感安全需要还没有得到满足，但是物质安全的需要基本得到了满足。家长应着重满足孩子爱与归属的需要、尊重的需要和自我实现的需要。而游戏设计者深谙人性，所有的游戏都是根据孩子的这些需要设计的。

首先，游戏接纳处于不同水平的孩子，让每一个孩子都能在游戏中体验到成就感。这一招实在是太厉害了！我以前一直想当然地以为，我的孩子或许会像我一样，玩游戏不在行，只要他在游戏中总是败北，总是被人虐，总有一天会厌倦，最后放弃游戏。

没有想到的是，我孩子告诉我，《王者荣耀》会评估出每一个用户的水平等级。只要用户一上线，游戏就会自动匹配水平相当的对手和游戏者对决。这一招太狠了！这直接让我原来的想法落空。只要对手水平相当，孩子就有 50% 的胜算。只要能胜利，孩子就能体会到成就感。只要有成就感，孩子就会对游戏欲罢不能。

很多父母常常不能接纳孩子的当下，常常对孩子有更高的期许。此外，很多父母还喜欢拿自家孩子跟别人家的孩子比，而且自己的孩子永远比不过别人家的孩子。久而久之，孩子在学习上体验不到成就感，陷入习得性无助，就会对学习越来越厌烦，甚至放弃学习，迷上游戏。从另一个角度讲，父母需要向游戏学习，努力贯彻家庭教育中的一条真理，那就是接纳孩子、鼓励孩子、肯定孩子、欣赏孩子。

其次，游戏能满足孩子对归属感的需要，满足孩子交往的需要。像《王者荣耀》这类游戏，每一个游戏者都可以邀请几个同学组成战队，与其他战队对决。这一招了不得啊！一方面，团队作战能满足孩子交往的需求；另一方面，团队作战会形成心理牵制，团队必须共进退，如果有一人先退出游戏，就会影响其他队友，导致大家玩得不尽兴，团队就会给先退出游戏的同学制造压力，甚至在现实世界中孤立那个同学。如果在团队中表现出色，则会得到同伴的认可，甚至在同学赞许和羡慕的目光中享受成就感和自豪感。

有些父母忙于工作，没有时间陪伴孩子，父母和孩子的互动少之又少。对这些父母而言，家就像旅馆。在这种养育氛围下，孩子体会不到家的温暖，体会不到归属感。到了青春期，孩子更认同同龄群体的价值观和行为模式，孩子越来越不愿意和父母在一起，更喜欢和同龄人在一起。孩子会越来越喜欢玩游戏，因为游戏可以满足孩子对归属感的需求。

再次，抛开游戏所有的外在形式，几乎所有的游戏都会给予游戏者及时、正向的反馈。在这个世界上，但凡容易让人成瘾的事物几乎都具备这一特征。比方说，吸毒之后，吸毒者会体会到飘飘欲仙的感觉；酒醉之后，饮酒者更加兴奋，可以暂时忘记悲伤或痛苦，正所谓"何以解忧，唯有杜康"。但是，在追求人生成功和幸福的过程中，反馈总是姗姗来迟，投入很久才会有回报。想要成功，个体需要节制自己的欲望，排除无关干扰，朝着目标笃定地走下去。

"及时反馈机制"是指刚玩完游戏，游戏者马上就会收到评价反馈，它能即刻满足游戏者的心理需要。就像一个婴儿，一旦感觉到饿了，就需要抚养者马上将自己喂饱；一旦感觉到不舒服了，就即刻要求抚养者来照顾。游戏的及时反馈迎合了人性中最原始的需求状态。

最后，游戏从来不给游戏者负面的反馈，不打人，不骂人，不贬损游戏者。如果闯关成功了，游戏不但会夸奖游戏者，还会奖励积分、装备。即便闯关失败了，游戏还不忘说一句暖心的话："加油哦！"这说明游戏设计者洞悉人对于尊重的需要。有些父母总是对孩子有高期许，动不动就拿自己的孩子和别人家的孩子比，比较之后，不是批评就是指责，很少能看到孩子的优点和进步，又怎么能和游戏抗衡呢？

第三节 父母拿什么和游戏争夺孩子

通过以上分析，相信大家都能感觉到游戏设计者洞悉人性，处心积虑，套路极深。如果为人父母者不好好反思，估计会在争夺孩子的战争中完败。古人云，知己知彼，百战不殆。为人父母者一方面要研究游戏，另一方面要反思自己，方能找到制胜法宝。

其实游戏并没有那么可怕。游戏的招数再好，父母都可以学着去做。更重要的是，游戏没有情感，尤其是它和游戏者之间没有亲密的情感联结。正如《你就是孩子最好的玩具》的作者金伯莉·布雷恩所说："你是否知道，你本人比任何玩具都更让孩子喜欢和着迷吗？孩子们并不需要智力玩具或者电视节目，他们需要的是你！他们真正看重的是和你在一起的快乐时光，他们需要被重视，需要和父母单独相处而不被打扰的时间，需要和父母建立一生的亲密关系。"

关系大于教育。父母和孩子之间早期建立的健康、安全的亲子关系是父母将来管教孩子的前提。横在父母和孩子之间的巨大障碍是早期的依恋关系建立得不好和亲子联结关系的断裂。一旦亲子关系不好，教育就很难产生效果。

亲子联结关系的断裂，有一种是显性的、客观的断裂。这种情况容易发生在留守儿童群体中，父母为了谋生去城市打工，把孩子留在农村老家。因为母子分离，母婴联结关系破裂，没有建立安全的依恋关系，就会给孩子的教育带来麻烦。还有一种是隐性的断裂，即便母婴没有出现客观上的分离现象，但是因为抚养上的误区，比如溺爱、过度控制、忽视或者放任等教养方式，父母没有与孩子建立健康的、安全的依恋关系，也会导致孩子情感受阻。

亲子联结关系断裂的孩子一旦遇到游戏，就容易沉溺其中而不能自拔。处在青春期的孩子一旦沉溺游戏，父母往往无法教育、管控孩子。孩子往往步步紧逼、得寸进尺，父母节节败退。这些孩子在现实生活中对爱和归属、尊重、自我实现的需要都没有得到满足。而经过精心设计的游戏，恰好能满足孩子的这些需求，才会让孩子沉溺其中，欲罢不能。

此外，如果父母想和游戏抗衡，就得好好反思一下自己。正所谓"苍蝇不叮无缝的蛋"，孩子会被游戏吸引，沉溺其中而不能自拔，肯定和父母的日常教养方式有关。游戏尚且知道接纳孩子、肯定孩子、鼓励孩子，满足孩子的归属感、成就感，父母为什么不向游戏学习呢?

首先，父母要接纳孩子，这是肯定和欣赏孩子的前提。接纳意味着无论孩子现状如何，父母都能欣然接受。父母不要对孩子有太高的期许，不要总是拿自家孩子和别人家的孩子比较。只有这样，父母才能发现孩子的点滴进步。同时，父母要及时给予孩子肯定和鼓励。只有这样，孩子才能体会到进步的快乐，愿意投身于学习和其他活动中。

其次，为人父母者应加强对孩子的情感引导，不要采取溺爱、过度控制、忽视或者放任的方式教养孩子。父母和孩子之间亲密关系的建立基础不是生育，而是养育。也就是说，孩子和父母之间的亲密关系不是生而有之，而是在科学、正确的养育过程中建立的。

孩子之所以沉迷游戏，是因为缺乏自制力，没有规则意识。如果父母采用过度控制的教养方式，使孩子在成长过程中缺少温暖，受到的限制过多，到了青春期，孩子就会开始抗争，一旦孩子以死相逼，父母就束手无策，最终发展到完全失控的状态。

对孩子过度放任的父母往往宽容过度，对孩子的行为不加约束，长此以往，孩子就容易变得任性，缺乏责任感，追求即刻满足，缺少起码的延迟满足能力和自我节制能力。这类孩子往往容易成瘾，即使不沉迷网络，也容易被其他事物所诱惑而不能自拔。

如果父母采用对孩子较为忽视的教养方式，就会让孩子既感受不到温暖，也没有受到约束。这样成长起来的孩子，只能听天由命，生命中任何一个重要的人和事都有可能影响孩子的一生。也就是说，忽视型的父母放弃自己参与孩子成长的权利。当有强大诱惑力的游戏渗透到孩子的生活中时，孩子的抵抗力堪忧。

正如中医学所说，治已病不如治未病。要想让孩子不沉迷网络，最好是在青春期之前就对孩子玩电子设备的频率和时长进行限制，及早树立规则意识，帮助孩子形成自我约束能力。正如前文说到的，对于孩子玩电子设备的这类行为，父母应遵循的教导原则是：温柔地坚持。

所谓温柔，就是不伤害，不用伤害性的语言达到约束孩子的目的。所谓坚持，就是不放弃。如果孩子想玩，就可以让孩子玩一会儿，但要求孩子到了约定时间终止游戏。如果到了约定时间，即使孩子哭闹，家长也要坚持原则，否则，如果孩子发现自己哭闹就能让父母妥协的话，那么到了青春期，孩子就有可能升级自己的行为（比方说，以死相逼），来让父母妥协。

到了青春期，父母需要尊重孩子，多一些契约精神。与孩子商量好玩电子设备的时间，在约定时间内，随便孩子怎么玩。在约定时间之外，则不允许孩子玩。另外，不允许孩子随身携带电子设备。家长需要注意几个细节，一个是在家里设立一个电子设备放置区，不玩的时候，全家人统一将手机等电子设备放在那里。另一个是要守住底线，不能让孩子将手机带入卧室，否则孩子容易熬夜看手机，特别容易伤身体。

另外，不要将玩手机和学习关联起来。有些家长喜欢说："你要是完成了作业，我就让你玩游戏。"这是万万不可的！这样的表达会让孩子觉得写作业是痛苦的，玩手机游戏是幸福的。道理很简单，生活中的奖励都是令人愉悦的。

如果父母将孩子玩手机和学习关联起来，还容易让孩子讨价还价，比如孩子可能会对家长说："你要是不让我玩手机，我就不学习！"一句话就让父母难以招架。游戏和学习无关，为人父母者千万不要被孩子不学习的言行所要挟。

父母限制孩子玩游戏的时间，不仅是为孩子的学习着想，还是为孩子的身体考虑，也是为了让孩子学会自我节制，避免让孩子因沉迷游戏而耽误人生。

写在最后：
从终点又回到起点

我的职业生涯先从心理咨询转到家庭教育，又从家庭教育转到学习心理辅导，貌似是跨界转行，我细想后才发现是从终点又回到起点。过度关注学习成绩虽然饱受诟病，但学习成绩确实体现了孩子的综合素质。虽然说有些孩子高分低能，但是这类孩子毕竟只占少数。好成绩的获得，需要好的天赋作为基础。但是，只有天赋还不够，想要取得好成绩，还需要饱满的学习热情、科学的学习方法、超强的自我节制能力、持之以恒的意志品质等等。这些好的品质从哪里来？是从家庭教育中来。

从高校到机关，最终又回到高校，我的职业生涯画了一个圈，我的辅导经历又何曾不是这样呢？

2003年，我回到高校从事心理健康教育工作。除了日常的教学之外，还开展咨询工作。从事咨询工作久了，我发现，很多来访者的问题都源自原生家庭的影响。如果家庭教育改善了，来咨询求助的人肯定就会减少。于是，在从事咨询工作5年之后，我四处寻找机会进行家庭教育的推广工作，就是期望通过家庭教育讲座或者课程，让更多的家长走出教育误区，养育出人格健全的孩子。

通过一个偶然的机会，我发现将咨询技术和心理统计与测量相结合，竟然能帮助不少学子改善学习策略，提高学习成绩。于是，这十多年来，我接触了不少中小学生，帮助了不少孩子提高学习成绩。可是，当我发现只有一部分孩子才能得到相应的提高，总有一部分孩子始终得不到提高的时候，自然就会思考，这背后的原因到底是什么？

经过这些年的梳理，我大体弄明白了一些。家庭是孩子的第一所学校，如果父母能为孩子的发展打下良好的基础的话，孩子将来的发展就会顺利得多。即使出了点问题，经过老师的点拨，也能很快调整好。估计重点高中老师和普通高中老师也有相似的体会，生源不一样，教学成效肯定不一样。我们需要思考的是：如何能为孩子的发展打下良好的基础？

有人说过，幸福的人用童年治愈一生，不幸的人用一生治愈童年。在孩子童年，家长如果没有养育好孩子，就恐怕会抱憾终身。正如孩子习得能力存在关键期一样，父母的教育也有关键期。随着青春期的提前，十岁左右的孩子逐渐进入叛逆期。孩子十岁之后，要想让父母的教育起作用会显得困难些，父母可能需要做出巨大的改变，孩子才会发生一些变化。举个例子，孩子五六岁时，如果父母和孩子说，明天晚上带他出去和某某阿姨一起吃饭，孩子可能就跟父母出去了。等孩子十岁以后，尤其到了青春期，他往往会说："我可以不去吗？"或者说："你们去吧，我一个人在家。"这说明孩子长大后，有了独立思考能力，不再全盘接受父母的指令，父母想施加影响就会变得困难些，只有亲子关系很好的父母的影响力会大一些。亲子关系的好坏是和十岁之前父母的养育质量高低有关。十岁之前，父母究竟要怎样教育孩子，才能为孩子的发展打下好的基础呢？

我认为，六岁之前是人格养成的关键期，六岁到十岁是各种行为习惯、态度形成的关键期。如果前十年的养育质量不错的话，孩子的一生就有了一个好的开端。青春期的各种叛逆，依然和父母的教育观和教养方式有关。如果父母的教养方式比较恰当的话，孩子即使叛逆，也能平稳度过青春期。之所以有些孩子在青春期表现得判若两人，往往是因为其父母的教养方式不当。孩子在小时候，还没有足够的力量和父母抗衡，会暂时妥协，但并不代表父母的教养方式是对的。

正如很多心理学理论说的那样，在婴儿期，父母应该有足够的敏感性，对孩子的需要能及时、准确、恰当地回应。也就是说，父母需要和孩子同步互动。父母如果采用这样的教养方式，就会培养出孩子良好的人格品质。埃里克森说，在婴儿期要解决的一对矛盾是基本信任感对基本不信任。林文采博士认为，在婴儿期，无条件接纳是孩子最需要的心理营养。的确，信任是关系的最好孕育者！

在婴儿期，养育不当的几种情况是：母亲作为主要的抚养者，情绪抑郁，无心照看孩子，又没有很好的替代抚养者；父母没有做好迎接新生命的准备，对新生命的到来有种排斥心理；父母执着于某个错误的养育观念，对孩子的需要没有给予很好的回应。

当孩子稍大一点后，学会了走路，就有了凡事都想由自己掌控的欲望。建议养育者在保证安全的前提下，尽量让孩子多去体验。要求孩子听话只是满足了养育者免于辛苦的需要，却对孩子的智力发展没有任何好处。大脑皮质的发展、神经细胞之间连接的丰富性依赖于孩子各种丰富的感受。埃里克森说，在幼儿期发展好的孩子会表现出主动性来，过度受限制的孩子则容易显得羞怯、退缩。

在孩子0~3岁时，父母需要关注的是，自己是否与孩子建立了安全的依恋关系。早年，父母和孩子建立的依恋类型具有相对的稳定性。除非在后续的成长道路上有别的因素掺入，否则早年的关系模式容易在孩子未来的人际关系中不断重复。安全的依恋关系给孩子提供了探索世界的基地，有利于满足孩子的好奇心，给孩子的学习打下一个坚实的情感基础。安全的依恋关系同样给孩子未来的两性关系埋下伏笔，为未来的幸福增加了可能性。缺乏安全感的孩子无法专注做事。能否建立安全型依恋关系与父母的养育质量的高低关系密切，持续、稳定、一致的爱是安全型依恋关系的源泉。

父母对孩子的欣赏、肯定和鼓励有助于孩子形成良好的人格品质，还可以让孩子获得自尊和自我价值感。有了自尊，才有羞耻感，才能知耻而后勇。被打多了、骂多了的孩子会变得没皮没脸，这样的孩子最可怕，孩子在打骂中已经经受了"千锤百炼"，"任尔东南西北风，我自岿然不动"，真可谓刀枪不入！

特别需要强调的是，家长要注意培养孩子的规则意识，没有规矩，不成方圆。小时候的延迟满足，大了之后的自我控制、做事的恒心和毅力，无一不是成长道路上的优秀品质。能否成功并不取决于智商的高低，而取决于是否有自控力与毅力。

现如今，我经常接到这一类求助电话：父母与孩子抢手机，父母要严加控制，孩子则永不满足。结果往往是父母败下阵来，就因为父母爱孩子，孩子可以用爱来要挟父母。倘若为人父母者早知道在孩子小的时候培养规则意识会对其未来的影响那么大，断然不会骄纵孩子的。可是，等孩子到了青春期，再想控制孩子，那是千难万难啊！

如今，父母最容易陷入的家教误区有两个，一个是宠溺、骄纵孩子；另一个是严格控制孩子，父母是孩子生活的独裁者，要求孩子唯命是从。

在宠溺中长大的孩子，易骄纵，肆意妄为，没有边界，唯我独尊。在《爱情保卫战》中，所谓的"野蛮女友"经常打男朋友、咬男朋友、让男朋友下跪，甚至在男友家里都肆意妄为，做出对男友父母不敬的行为。做父亲的可以像宠公主一般宠着自己的孩子，可是怎么能期盼别人也像这样宠着自己的女儿呢？如果不能，女儿的幸福从哪里来？在宠溺中长大的男孩，不是啃老，就是不孝顺、不尊敬父母，甚至出现违法犯罪行为。因为他们的逻辑是：我想得到的，天王老子都挡不住。

独裁的父母教养出来的孩子容易显得唯唯诺诺、焦虑、敏感、脆弱，容易患上心理疾病。如果孩子的性格过于刚烈、叛逆，极有可能长大之后和父母对着干。

当然现实远比理论更复杂，比方说，有的父母在生活上宠溺孩子，在学习上对孩子要求过高；有的父母某一方宠溺孩子，另一方对孩子独裁，这样的钟摆式教育会让孩子感到无所适从，或者让孩子在夹缝中学会了钻空子。

到了学龄期，几乎所有的家长都开始对孩子的学习感到焦虑。上小学之前，不少父母还能看到孩子的优点，多肯定、鼓励、欣赏孩子，而上学之后，对许多父母来说，去肯定孩子是那么艰难。只要不谈学习，母慈子孝；一谈学习，鸡飞狗跳。孩子不学习时，妈妈像天使；孩子学习时，妈妈就变成了魔鬼。孩子对妈妈恨不起来，只能恨让妈妈变得如此面目狰狞的学习。这是父母在陪伴孩子学习时需要特别注意的地方。

我还想请父母思考另一个问题：不少父母特别在意孩子的学习成绩，可是学习成绩真的有那么重要吗？正是因为父母过于在乎学习成绩，孩子才会动不动就用学习来要挟父母，牵着父母的鼻子走。

有些孩子会说："你不给我玩手机，我就不写作业！""你不给我买平板电脑，我就不学习了。"在孩子的要挟之下，不少父母不得不就范。读书和玩游戏、玩手机有关系吗？可是，的确有家长对孩子说："你写半个小时作业，我就让你玩游戏。"这句话会让孩子怎么想？孩子会觉得玩游戏是一种奖励，读书是苦活、累活。如果孩子这样想的话，还会喜欢读书呢？

其实，父母应该让孩子树立责任感，让孩子明白好好读书是自己的事。记得我小的时候，上学了，父辈常对我说："打今天起，你就上学了。能不能上学是你的事，供不供得起是我的事。只要你能上，我就是砸锅卖铁也要供你上。"这样的话语就能让孩子树立责任感。在那个时候，极少有孩子撂挑子不上学的，偶尔有不想上学的孩子，是因为成绩太差，实在不好意思读下去。

比方说，我哥比我大四岁，他有个同学留级四次，最后到我的班上和我成了同学。他不好意思再读下去，于是对父母说："我不是读书的料，你们别浪费钱了。与其花钱让我上学，还不如让我学一门手艺。"虽然他不愿上学，但是他说出的话是非常有责任感的。

现如今，有些家长喜欢对孩子说："你只要好好学习，其他什么事都不用管！""我供你吃供你穿，你就拿这样的成绩回报我？！"这样的话语只会让孩子觉得是为父母读书。孩子之所以学不下去，是因为背负父母太多的爱，只好找借口搪塞父母。

其实，好成绩如同植物开出的花、结出的果。园丁需要明白的是，要想让植物开花、结果，最好的方式是给植物提供合适的水分、土壤、阳光和空气，不能因为所栽的植物暂时没开花、没结果而感到着急，就折磨这些植物。

对于孩子而言，水分、土壤、阳光和空气就相当于爱、安全感、欣赏、肯定和鼓励。只要父母给予孩子合适的营养，孩子就会自然生长。"人往高处走，水往低处流"，这是再自然不过的生命成长过程。所以，父母要向园丁学习，不问收获，只问自己是否为孩子自然成长提供了所必需的水分、土壤、阳光和空气。如果给了，父母要做的事就是静待花开！

当孩子有了一个好的基础之后，学习好是水到渠成的事。至于学习方法，我一直认为这只是一项"术"。"术"是最容易习得的。如果一个孩子人格健全，自信，自律，有毅力，特别积极，昂扬向上，有学习动力，爱学习，有良好的学习习惯和学习方法，智力正常，他怎么可能成绩不好呢？

参考文献

1. 刘启辉.其实你不懂孩子.暨南大学出版社.2015.

2. 林文采,伍娜.心理营养.上海社会科学院出版社.2016.

3. [美国]罗杰·霍克.改变心理学的 40 项研究.人民邮电出版社.2010.

4. [瑞士]葛碧建,葛安妮,[美国]傅亚伦,艾迪丝.成功跨越学习困难.社会科学文献出版社.2008.

5. [美国]丹尼尔·戈尔曼.情商:为什么情商比智商更重要.中信出版社.2010.

6. [美国]约翰·戈特曼,琼·德克莱尔.培养高情商的孩子.浙江人民出版社.2010.

7. 金洪源.学科学习困难的诊断与辅导.上海教育出版社.2004.

8. [英国]东尼·博赞,巴利·博赞.思维导图.中信出版社.2009.

9. [美国]保罗·图赫.性格的力量:勇气、好奇心、乐观精神与孩子的未来.机械工业出版社.2016.

10. [美国]凯利·麦格尼格尔.自控力.文化发展出版社.2012.

11. [美国]戴维·谢弗.社会性与人格发展.人民邮电出版

社 .2012.

12. 洪兰，尹建莉 . 好孩子：三分天注定，七分靠教育 . 长江文艺出版社 .2012.

13. 彭聃龄 . 普通心理学 . 北京师范大学出版社 .2004.

14. 杨大宇 . 画出好成绩：通过思维导图提升分数 . 湖北人民出版社 .2013.

15. 白学军 . 智力发展心理学 . 安徽教育出版社 .2004.

16. 李晓鹏 . 中学生思维导图学习法 . 光明日报出版社 .2014.

17. 燕国材 . 成功学习之道 . 广东教育出版社 .2008.

18. 郭延庆 . 应用行为分析与儿童行为管理 . 华夏出版社 .2012.

19. 林正文 . 儿童行为的塑造与矫正 . 北京师范大学出版社 .1998.

20. [美国] 霍华德·加德纳 . 智力的结构：多元智能理论 . 浙江人民出版社 .2013.

21. [美国] 坎贝尔，迪金森 . 多元智力教与学的策略 . 中国轻工业出版社 .2004.

22. [美国] 塞利格曼等 . 习得性无助 . 机械工业出版社 .2011.

23. 黎兵，杨嘉乐 . 初中生时间管理倾向、自我效能感、学业归因与学业成绩关系的研究 . 心理学探新，2004，4：67-71.

24. 张静，刘靖文，吴庆麟 . 初中生成就目标、元认知、自我效能感与学业成绩的关系模型 . 心理研究 .2012，5(1):85-88.

25. 吴建光，崔华芳 . 培养孩子观察力的 50 种方法 . 北京工业大学出版社 .2007.